＼もっと！／

食べたい作りたい現地味

おうち韓食（ハンシク）

重信初江

JN055197

主婦の友社

はじめに

『はじめてなのに現地味 おうち韓食（ハンシク）』を出版して約1年が経ちました。

コロナ禍で韓国に行けない只中に、私がこれまで旅をして味わってきた韓国現地の食をおうちでも気軽に作ってもらい、楽しんでもらえたら……。

そんな気持ちで作った本です。

気持ちも通じ、素敵なスタッフにも恵まれて、たくさんのかたにご好評いただいています。

2022年は何年かぶりに渡航ができるようになり、韓国にもやっと行けるようになり始めました。

その間に「韓国の音楽が好きになった！」「ドラマにはまって徹夜しちゃって……」などなど、以前では考えられないくらい韓国の熱いペン（ファン）が増えていて、20年前からの韓国ペンである私もとても驚いています。

いつになるのか見当もつかなかった渡韓もやっと軌道に乗り始め、ワクワクする気持ちに私たちは約2年ぶりに韓国に旅立ちました。到着して、迎えに来てくれた友人の笑い顔に胸が一杯になり、久しぶりのおいしい韓国料理を堪能。「私がまず食べたいのは鶏の足！ あれは韓国でしか食べられない

味だからね！」と豪語した割に、辛くて1本しか食べられなくてみんなに笑われたり（p.93）、素敵な韓屋（ハンオク）でカクテルを飲んだり、釜山（プサン）でお気に入りの店のホルモン（p.91）や刺し身を味わったり、燃え盛る炎のそばで鶏の煮込みを食べたり（p.27）、夢のようなひとときを過ごしました。

まだまだ伝えきれないたくさんの韓国の食の魅力をお伝えしたくて、夢が覚めないまま、戻りたてホカホカの状態で2冊目を刊行することにしました。

オモニ（お母さん）が家で作ってくれる温かい煮込みや冷蔵庫に並んでいるいつものおかず、あの食堂に行って味わってきたメニューなど、おうちでこんなに簡単に再現できるんだ、今日の夕飯はこれにしよう！とか、これを作って今度の週末に友達を呼んじゃおうかな？なんて思ってもらえるとうれしいです。

最後に今回も旅の相棒に感謝を。あなたたち2人がいないと、私は何にもできないよ。

いつも本当にありがとうね！

2023年春

重信初江

これさえ押さえれば、
たちまち韓国現地味！

知っているようで知らない、韓国料理の基本食材や調味料についてまとめました。これらを押さえておくだけでぐっと本格的な味わいが実現します。

生のとうがらしは野菜として食べる

青は赤くなる前の未熟果。

赤いものと青いものがあり、辛さは品種によって異なりますが、青のほうが強めとされます。丸ごとかじったり、刻んで料理に入れたりと、使い方はさまざま。

乾燥粉とうがらしは細びきと粗びきを使い分けて

粗びき（左）と細びき（右）。

細びきは色づけに、粗びきは辛みづけに使われる乾燥粉とうがらし。細びきは「キムチ用」、粗びきは「調味用」と表示されて売られていることもあります。両方をそろえて使い分けてみて。

韓国の代表的な調味料、コチュジャン

韓国といえば、の調味料。

コチュジャンは、もち米、麹、粉とうがらしを主な材料として作られる韓国特有の調味料。辛みと同時に深い旨みがあり、そのまま混ぜたり加熱調理に使ったりと、さまざまな使い方で味つけに用いられます。メーカーによって味が違うので、好みのものを探してみましょう。

にんにくはつぶして香りよく

韓国料理ではにんにくはつぶして使うことが多く、専用のつぶし器やパック入りの市販品も売られています。もちろん包丁でつぶしてもOK。皮をむいたら包丁の腹を当て、上から押しつぶします。ポイントは、汁が出るまででしっかりつぶすこと。さらにみじん切りにして使います。すりおろしで代用も可能（分量はつぶす場合と同じ）ですが、香りがまったく違うので、使う直前にすりおろすのがおすすめ。

汁が出るまでしっかりつぶす。

にんにくをつぶす道具たち。

市販品のつぶしにんにくも売られている。

香り高い、韓国のごま油とえごま油

韓国のごま油とえごま油は、日本のものより濃厚。現地の市場などでは、その場でしぼってくれる店もあります。価格が高めのものや鮮度が高いものは風味もいい場合が多いので、お気に入りを探してみて。この2つの油があると、ナムルの味つけを変えるなど、韓国料理の幅が広がります。

韓国では、なぜオリゴ糖が使われるの？

韓国製のオリゴ糖。

独特のとろみがあり、料理にねっとりとした食感をもたらすオリゴ糖。砂糖に比べて分解・吸収されにくく血糖値が上がりにくい、大腸まで届いて腸内環境を整えるのに役立つといった性質があり、ヘルシー志向が強い韓国で好まれています。この本では韓国製を使いましたが、日本のものや砂糖でも代用可能。分量はp.9（この本の使い方）を参照してください。

だしに香味野菜を加えても

チゲやスープなどさまざまな料理に。

韓国の一般家庭では、煮干しなどでだしをとる際、長ねぎ、玉ねぎといった香味野菜や大根などを加えて煮るのが定番。香りがいいだけでなく、野菜の甘みでいっそうおいしくなるので、ぜひ試してみて。

キムチ作りにも欠かせない魚醤<ruby>魚醤<rt>ぎょしょう</rt></ruby>

塩漬けにした魚を発酵・熟成させて作る魚醤。海に囲まれた韓国ではポピュラーな調味料で、特にいわしエキスはキムチ作りに欠かせません。現地ではいかなごやまぐろの魚醤も使われます。この本ではナンプラーで代用OKにしています。

いわしエキス（右）。ボトルにキムチの絵が。いかなご（中）、まぐろの魚醤（左）。

肉はまず血抜きをしてから

たっぷりの水につける。

かたまり肉や骨つき肉は、水に数時間つけて血抜きをしてから使います。たっぷりの熱湯でゆでこぼし、洗ってもOK。

甘みづけには梅エキスも

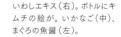

さわやかな甘み。

砂糖があまり好まれない韓国で、オリゴ糖と同様、砂糖の代用として使われる梅エキス。この本では砂糖とおきかえ可能にしています。

この本の使い方

◆ 野菜は、洗ったり皮をむいたりしてからの手順を記しています。

◆ 小さじ1＝5㎖、大さじ1＝15㎖、1カップ＝200㎖です。

◆ フライパンは原則としてフッ素樹脂加工のものを使用しています。

◆ オリゴ糖は韓国製のものを使用しています。おきかえる場合は、日本製の
　オリゴ糖なら同量、砂糖なら1.5倍にしてください。そのほかのおきかえは、
　レシピ内の表記に従ってください。

◆ サラダ油は、米油、菜種油など、クセのない油ならどれでも代用可能です。

◆ 電子レンジの加熱時間は600Wを目安にしています。500Wの場合は
　1.2倍してください。加熱時間は機種によって多少差があるので、様子を
　見て増減をしてください。

料理名表記について

本書では、できるだけ現地の発音に近い音で料理名を表記しました。例え
ば、一般的な表記の「キンパ」は「キムパプ」などです。

●現地のデータ表記について

今回の旅で訪れた店の店名表記は、日本語版韓国地図アプリ「コネスト韓
国地図」を参考にしています。また、住所は、韓国の新住所制度に基づいた
「道路名表記」を掲載しています。情報は2023年1月時点のものです。店
舗に行く場合は、店休日や営業時間などを調べたうえでお出かけください。

밥 먹었어?
맛있게 많이 먹어ー
ごはん食べた？ おいしくたくさん食べてー

1章

ごはん食べた？
밥 먹었어？
～オモニの情が詰まったごはん～

韓国語で「ごはん食べた？」は「アンニョンハセヨ」と同じくらい大事なあいさつのひとつ。その一言には、オモニの情が詰まっています。

温かいご飯とたくさんのお母さん（オモニ）のおかずが並ぶペクパンは、まさに「オモニの情」。ここでは、そうした料理の数々をご紹介します。

チャル モゴッスムニダ！

ペクパン食堂には、日替わりのおかずが食べきれないくらいたくさん！ どれもやさしい味つけで、近くにあったら毎日通いたい。

🏠 **店名** ヤンジ食堂（シクタン）／양지식당
📍 **住所** ソウル特別市鐘路区栗谷路29キル4
　　　　　서울특별시 종로구 율곡로29길 4
MAP Ａ→p.108

渡韓

＊チャル モゴッスムニダ！＝韓国語で「ごちそうさまでした！」の意味。

今日、なに食べる?

오늘 뭐 먹지?

一緒に食べても
カクテキ（P.56）＋
豆もやしとキムチのスープ（P.53）

「私はデジプルコギ！」「太刀魚がいいな」
体の中からやさしさで満たされる
韓国の家庭料理をご紹介します。

돼지불고기
デジプルコギ

テジプルコギ

材料　2人分

豚肩ロース薄切り肉 … 300g

りんご … ⅙ 個

玉ねぎ … ⅛ 個

A　しょうゆ … 大さじ 1½
　　オリゴ糖、つぶしにんにく(p.4) … 各大さじ 1
　　しょうがのすりおろし … 小さじ 1
　　こしょう … 小さじ ¼

ごま油 … 大さじ ½

サラダ油 … 小さじ 1

〈 おすすめのつけ合わせ 〉

好みの葉野菜、韓国のり、にんにく、青とうがらし（生）、
　　コチュジャン、カクテキ、白菜キムチ … 各適量

作り方

1　りんごと玉ねぎはすりおろしてボウルに
　　入れ、Aを加えて混ぜる（すべてをミキ
　　サーに入れて混ぜてもOK）。豚肉とごま
　　油を加えて混ぜる。

2　フライパンにサラダ油を熱して 1 を入れ、
　　強めの中火で 2〜3 分焼く。上下を返し
　　てさらに 2 分焼き、火を通す。

3　グリルにアルミホイルを敷いて 2 を広げ
　　入れ、表面を強火で 4〜5 分焼きつける。
　　おすすめのつけ合わせとともに葉野菜
　　で包んで食べても。

香ばしい「火の味」を好む韓国の人たち。
フライパンとグリルの二度焼きで
現地の味に近づけます。
そのまま食べるだけでなく、
好みのつけ合わせで味変を楽しんで

二度焼きが
おいしさの秘密！

現地では練炭で焼くところを、かわりにフライ
パンで火を通してから、グリルのじか火で香ば
しく焼き色をつける。

チムって
\「蒸す」ということ/

キムチチム
〜キムチと豚スペアリブの蒸し煮〜

材料　2〜3人分

豚スペアリブ … 6〜7本（600g）

白菜キムチ（株状のもの）… ½株（約500g）

長ねぎ … 1本

にんにく … 5〜6かけ

A　いわしエキス（またはナンプラー）… 大さじ ½
└ しょうゆ、砂糖 … 各小さじ 1

サラダ油 … 大さじ ½

作り方

1　スペアリブは水につけて約1時間おき、血抜きをする。長ねぎは4〜5cm長さに切る。

2　スペアリブの水けを拭く。鍋にサラダ油を熱してスペアリブを並べ、両面がこんがりするまで強めの中火で4〜5分焼く。キムチをおおうようにのせてさらに2〜3分焼き、水5カップ、A、長ねぎ、にんにくを加える。

3　ふたはせずに、煮汁が少し煮詰まるまで中火で40分〜1時間煮る。途中、底が焦げないようにときどき混ぜる。

memo

白菜キムチ
½株を切らずにそのままパックしたキムチ。韓国ではキムチは株売りが一般的。

オモニが作るキムチ料理の大定番。酸味と辛みが肉のおいしさを引き立てます

日本では切った状態で売られていることも多いキムチですが、現地では½株（漬けたときの状態）のものがほとんど。葉を線維に沿って手を使って裂き、肉に巻きつけて食べるのが現地流。

熟成して酸味が出たキムチを使うことが、おいしさの秘訣。

一緒に食べても
ケェランマリ（P.24）

등갈비김치찜

スペアリブキムチチム

ご飯を巻くのも
絶品です！

まずはスペアリブに巻く

くるくる

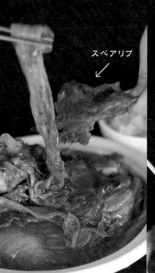

スペアリブ

繊維に沿って
長ーく裂いて

15

갈치구이

太刀魚の塩焼き

ほうれんそうのえごまナムル（p.21）

炒め大根のナムル
（p.21）

豆もやしとキムチのスープ（p.53）

太刀魚の塩焼き

材料　2〜3人分

太刀魚（切り身・小さめ）… 1尾
酒 … 大さじ1
小麦粉 … 大さじ2
塩（あれば粗塩）… 小さじ1
油（サラダ油など）… 大さじ1

作り方

1 太刀魚は6〜7cm長さに切る。
ボウルに入れて酒を絡め、10
分おく。

2 水けを軽く拭き、全体に小麦粉
をまぶす。

3 フライパンに油を熱し、**2**を入
れる。両面がきつね色になるま
で中火で片面あたり3〜4分
焼き、塩を全体に振る。

韓国でよく食べられる太刀魚。
表面はカリッ、中はふわふわに
焼き上げます

えごまの葉の
しょうゆ漬け（p.24）

カクテキ（p.56）

고등어조림

コドゥンオジョリム

オムクの細切り炒め（p.24）

豆もやしとキムチのスープ（p.53）

コドゥンオジョリム
〜さばの煮物〜

大根は薄めに切ることで味が早くしみ込みます

材料　2〜3人分

さば（切り身・小さめ）… 半身

大根 … 200g

長ねぎ（5mm厚さの小口切り）… ¼ 本

A　水 … 1½ カップ

　　酒 … 大さじ 2

　　いわしエキス（またはナンプラー）… 大さじ ½

B　粉とうがらし（粗びき）、つぶしにんにく（p.4）、

　　しょうゆ、オリゴ糖、みりん … 各大さじ 1

作り方

1　大根は 3 〜 4mm 厚さの半月切りにする。B は混ぜる。

2　鍋に大根を並べ、A を加えて火にかけ、煮立ったら弱めの中火にして 5 分煮る。

3　さばを大根の上に並べ、B を塗るようにのせる。長ねぎを散らし、煮汁がほとんどなくなるまで中火で 12 〜 15 分煮る。ときどきスプーンなどで煮汁をかける。

調味料は、さばに直接塗るようにのせて。

ぜんまいのナムル（p.21）

きゅうりのあえ物（p.23）

豆の歯ごたえと辛みの
ハーモニーがあとを引く

大根を炒めてからナムルに
することで深い味わいに

定番のほうれんそうナムルを
えごまの粉と油で香り高く

味をしっかりなじませてから
炒めて仕上げます

왕대

대원

炒め大根のナムル

冷蔵室で
3〜4日間
保存可

材料　作りやすい分量

大根 … 300g
長ねぎ（小口切り）… ⅛本
塩 … 小さじ¼
えごま油 … 大さじ½
アミの塩辛（粗いみじん切り）
　　… 小さじ1
A つぶしにんにく（p.4）、
　　いわしエキス
　　（またはナンプラー）、
　　砂糖 … 各小さじ½
　└ 塩 … ひとつまみ
すり白ごま … 大さじ½

＊アミの塩辛がないときはいわし
エキスを小さじ1にする。

作り方

1 大根は細切りにしてフライパンに入れ、塩を振って15分おく。

2 えごま油を回しかけて強火にかけ、煮立ったら中火にして水けをとばしながら4〜5分炒める。**A**、アミの塩辛を加えて混ぜる。

3 長ねぎを加えて1分炒め、白ごまを加えてあえる。

ぜんまいのナムル

冷蔵室で
4〜5日間
保存可

材料　作りやすい分量

ぜんまい（水煮）… 150g
A つぶしにんにく（p.4）、砂糖、ごま油
　　… 各小さじ1
　　しょうゆ … 小さじ½
　└ 塩 … 少々
B 長ねぎ（みじん切り）… 大さじ1
　└ すり白ごま … 小さじ1

作り方

1 ぜんまいは食べやすい長さに切ってフライパンに入れる。**A**を加えてもみ込み、味がなじむまで10分おく。

2 中火にかけて2分炒め、**B**を加えてまぜる。

パンチャンいろいろ

韓国の食卓の風景でおなじみの小さなおかず、パンチャン。保存がきくものが多いので常備菜にもおすすめです。

豆もやしの赤いナムル

冷蔵室で
3〜4日間
保存可

材料　作りやすい分量

豆もやし … 1袋（200g）
A 長ねぎ（みじん切り）
　　… 大さじ1
　　粉とうがらし（粗びき）
　　… 小さじ2
　　つぶしにんにく（p.4）
　　… 小さじ1
　　いわしエキス
　　（またはナンプラー）、
　　砂糖 … 各小さじ½
　└ 塩 … ひとつまみ
ごま油 … 小さじ1

作り方

1 鍋に湯を沸かして塩（目安は熱湯6カップに塩小さじ1）を入れ、豆もやしを入れて2〜3分ゆでる。ざるに上げて水けをよくきる。

2 ボウルに**1**、**A**を入れてなじむまであえ、ごま油を加えてさらにあえる。

ほうれんそうのえごまナムル

冷蔵室で
2〜3日間
保存可

材料　作りやすい分量

ほうれんそう … 2束（400g）
長ねぎ（みじん切り）… 大さじ1
A えごまの粉 … 大さじ3
　　えごま油 … 大さじ1
　└ 塩 … 小さじ⅓

作り方

1 鍋に湯を沸かして塩（目安は熱湯6カップに塩小さじ1）を入れ、ほうれんそうを根元から入れてさっとゆでる。流水で冷まし、3cm長さに切って水けをしぼる。

2 ボウルに**1**、長ねぎ、**A**を順に入れ、なじむまであえる。

memo

ぜんまいの水煮
ナムルによく使われるほか、ユッケジャンなどにも使われる食材。

memo

えごまの粉
えごまの種をパウダー状にしたもので、独特の風味がある。体にいいとされる注目食材で、韓国食材専門店以外でも入手できる。

ねぎのあえ物

冷蔵室で 2〜3日間 保存可

ねぎの香味は
肉と食べるとおいしさ倍増

材料 作りやすい分量

長ねぎ … 1本
A つぶしにんにく（p.4）、粉とうがらし（粗びき）、
　　コチュジャン … 各小さじ1
　　しょうゆ … 小さじ ½
　　ごま油 … 大さじ ½

作り方

1 長ねぎは太めのしらがねぎにする。水の中でもみ、水けをよくきる。

2 ボウルに 1、Aを入れてあえる。

にらのあえ物

冷蔵室で 2〜3日間 保存可

さまざまな料理に合う
パンチャン界の名脇役

材料 作りやすい分量

にら … ½ 束（50g）
玉ねぎ … ⅛ 個
A 粉とうがらし（粗びき）、
　　いわしエキス（またはナンプラー）、
　　しょうゆ、いり白ごま … 各小さじ1
　　酢 … 小さじ ⅓

作り方

1 にらは 4cm幅に切り、玉ねぎは薄切りにする。

2 ボウルに 1、Aを入れてあえる。

きゅうりのあえ物

みずみずしくてほどよく辛い
さっぱりしたあえ物

冷蔵室で **2～3日間** 保存可

材料 作りやすい分量

きゅうり、にら … 各2本
玉ねぎ … 1/8 個
A 粉とうがらし（粗びき）… 大さじ 1/2
　つぶしにんにく（p.4）、
　　梅エキス（または砂糖）、
　　いわしエキス（またはナンプラー）
　　　… 各小さじ 1/2
　しょうゆ … 小さじ 1/3
　塩 … 少々

作り方

1 きゅうりは皮を縞目にむいてから7～8mm厚さの斜め切りにする。にらは1.5cm幅に切る。玉ねぎは薄切りにする。

2 ボウルに **1**、**A** を入れ、なじむまであえる。

たくあんのあえ物

おなじみのたくあんが
ひと工夫で韓国スタイルに

冷蔵室で **3～4日間** 保存可

材料 作りやすい分量

たくあん … 150g
A 粉とうがらし（粗びき）、
　つぶしにんにく（p.4）、
　ごま油 … 各小さじ1

作り方

たくあんは薄いいちょう切りにしてボウルに入れ、**A** を加えてあえる。

干し大根のあえ物

切り干し大根の旨みと甘辛味。
2日目くらいからさらにおいしく

冷蔵室で **1週間** 保存可

材料 作りやすい分量

切り干し大根（あれば太めのもの）… 50g
細ねぎ（1cm長さ）… 1本
A しょうゆ、いわしエキス
　　（またはナンプラー）、
　　梅エキス（または砂糖）、
　　粉とうがらし（粗びき）、
　　つぶしにんにく（p.4）、
　　オリゴ糖 … 各大さじ1
　コチュジャン … 小さじ1
B ごま油 … 大さじ 1/2
　いり白ごま … 小さじ1

作り方

1 切り干し大根はたっぷりの水でもみ洗いし、水に15分つけてもどし、水けを軽くしぼる。

2 フライパンに **1** を入れ、中火で2分からいりする。ボウルに入れて **A** を加え、よくもみ込む。細ねぎを加えてあえ、2～3時間おく。

3 食べる直前に **B** を加えてあえる。

えごまの葉のしょうゆ漬け

温かいご飯を
巻いて食べたい

冷蔵室で
10日間
保存可

材料 作りやすい分量

えごまの葉 … 10枚

A しょうゆ … ⅓ カップ
みりん、
韓国焼酎（または酒）
… 各大さじ2

作り方

1 小鍋にAを入れ、煮立てて
冷ます。

2 清潔な容器にえごまの葉を
入れて1を加え、半日ほど
おいて味をなじませる。

オムクの細切り炒め

余ったオムク（P.65）で
もう1品おかず作り

材料 作りやすい分量

オムク（解凍したもの） … 3枚
玉ねぎ … ⅛ 個
長ねぎ（小口切り） … ⅙ 本
A 酒 … 大さじ2
しょうゆ、オリゴ糖
… 各大さじ1
つぶしにんにく（p.4）
… 小さじ1
ごま油 … 小さじ1
サラダ油 … 小さじ1

作り方

1 オムクは5〜6mm幅に切り、
玉ねぎは薄切りにする。

2 フライパンにサラダ油を熱
して1、長ねぎを入れ、中
火で1分炒める。Aと水大
さじ3を加え、煮立ったらそ
のまま2分煮る。ごま油を
回しかけて火を止める。

ホッとするやさしい味わいで
辛い料理のお供に◎

ケェランマリ

材料 2人分

卵 … 3個
塩 … 小さじ¼
A 長ねぎ（みじん切り） … 大さじ3
すり白ごま … 小さじ1
サラダ油 … 大さじ½

キムチを炒めることで
グッとコク深く

ポックムキムチ
〜炒めキムチ〜

材料 作りやすい分量

白菜キムチ
（酸味があるものがおすすめ）
… 200g
砂糖 … 小さじ1
ごま油 … 大さじ1
いり白ごま … 少々

作り方

1 キムチは一口大に切る。

2 フライパンにごま油を熱して
1、砂糖を入れ、しんなりする
まで弱めの中火で4〜5分炒
める。器に盛り、白ごまを振
る。

作り方

1 ボウルに卵を割りほぐし、A、塩を加
えて混ぜる。

2 フライパンにサラダ油を中火で熱し
て1を流し入れ、大きく混ぜる。半熟
状になったら火を少し弱め、固まって
きたらフライ返しなどで奥から約4cm
幅に折りたたみ、棒状に巻く。

3 とり出して食べやすく切る。

ソーセージのジョン

どこか懐かしいまろやかな味。ケチャップをかけてもおいしい。

材料　作りやすい分量

ボロニアソーセージ
　… 150g
小麦粉 … 適量
とき卵 … ½ 個分
サラダ油 … 大さじ 1

作り方

1 ソーセージは1cm厚さに切り、小麦粉をまぶす。

2 フライパンにサラダ油を熱し、1 をとき卵にくぐらせて並べる。こんがりするまで弱めの中火で片面2分ずつ焼く。

ミニソーセージ炒め

韓国の子どもたちも大好き。お弁当のおかずにも。

材料　作りやすい分量

ウインナソーセージ（小）
　… 100g
赤・黄パプリカ … 各 ¼ 個
A トマトケチャップ、
　　コチュジャン … 各小さじ 1
サラダ油 … 小さじ 1

作り方

1 ソーセージは切り込みを3〜4本入れる。パプリカは1cm四方に切る。

2 フライパンにサラダ油を熱して 1 を中火で2分炒める。A、水大さじ1を加えて炒め合わせる。

そのままかじっても刻んで薬味に使っても

冷蔵室で 約 1 カ月 保存可

コチュ ジャンアチ
〜青とうがらしのしょうゆ漬け〜

材料　作りやすい分量

青とうがらし（生・辛口）… 8 〜 10 本
A しょうゆ … ½ カップ
　 砂糖 … 大さじ 1½
　 酢 … 大さじ 1

作り方

1 青とうがらしは洗って水けをよく拭き、耐熱容器に入れる。

2 小鍋にAを入れて火にかけ、沸騰したら 1 にかける。冷めたら、冷蔵室で一晩おいて味をなじませる。

2章

なに食べたい？

쿠쿠고 싶지？

~みんな大好き、肉＆魚料理~

肉のおいしさをがっつり味わう

鶏肉、豚肉、牛肉のおいしさを
それぞれ存分に楽しめる、
韓国ではおなじみの肉料理3選。
ポックムパブでシメたり、
たっぷりのつけ合わせとともに
好みの葉野菜で包んだりと、
食べ飽きない展開も魅力です。

豪快なタッポックムタン（＝タットリタン）が食べられる、
ソウル近郊の知られざるお店。鍋を伝って熱い炎が
立ち上がる。エンターテインメント性もたっぷり。

솥뚜껑닭볶음탕

釜のふたで作るタッポックムタン！

チャル モゴッスムニダ！

ソウルからバスで2時間の加平（カ ピョン）という
街にあるけれど、有名人も通う鶏鍋
の店。薪で煮込む熱々の鍋を、地べ
たにあるお風呂椅子に座って食べる
体験……後悔させません！

🏠 店名　ミンギナムシネ／민기남씨네

📍 住所　京畿道加平郡雪岳面有明路654-57
　　　　 경기도 가평군 설악면 유명로 654-57

MAP B → p.108

이전한 민기남
솥뚜껑 닭 매운탕

渡韓

タッポックムタン

紹介したお店はワイルドな雰囲気ですが、肉じゃがのようなごく日常的なおかずです。タットリタンと呼ばれることもあります

現地の女子が骨つき肉を食べるときは、スッカラ（スプーン）とチョッカラ（箸）をナイフとフォークのように上手に使うそう。

材料　3〜4人分

鶏骨つきぶつ切り肉（水炊き用）… 800g

じゃがいも … 3個

玉ねぎ … ½個

長ねぎ … 1本

キャベツ … 150g

えごまの葉 … 5〜10枚（好みで）

A 韓国焼酎（または酒）… ½カップ
└ オリゴ糖 … 大さじ1

B しょうゆ … 大さじ2½
　 つぶしにんにく（p.4）… 大さじ2
　 粉とうがらし（粗びき）… 大さじ1½
└ コチュジャン … 大さじ1

作り方

1 鍋に鶏肉とかぶるくらいの水を入れて強火にかけ、沸騰したら1〜2分ゆでてざるに上げる。洗って、水けをきる。

2 鍋にAと水5カップを入れて火にかけ、煮立ったら1を入れ、中火で15分煮る。

3 じゃがいもは4等分の輪切りにする。玉ねぎは3cm四方、長ねぎは縦半分に切ってから5〜6cm長さに切る。キャベツは細切りにする。

4 2に3とBを加え、じゃがいもがやわらかくなるまで12〜15分煮る。えごまの葉をちぎってのせる。

くつくつ煮詰まっていい感じ

焼きつけて、でも焦げないように

シメのポックムパプ

肉の旨みが詰まった汁をムダなくご飯に吸わせて

すべて適量でもOK

材料（作りやすい分量）と作り方

タッポックムタンを食べ終わった鍋の汁にご飯340g（1合分）、韓国のり（もんで細かくする）5〜10枚、えごまの葉（細切り）5枚、ごま油大さじ½を加え、汁けがなくなるまで中火で炒める。鍋底にご飯をはりつけるようにのばし、パチパチと音がしたら火を止める。

えごまの葉はラフにちぎってたっぷりと

ポッサム

ゆで豚＋豆腐＋干し大根。
一緒にほおばると新しい味わい。

サム＝包むこと

材料 3〜4人分

豚バラかたまり肉（皮つきがおすすめ）
　…500〜550g

長ねぎ（青い部分）…1本分

にんにく…3〜4かけ

A　インスタントコーヒー…小さじ2
└　みそ…大さじ2

木綿豆腐…1丁（300g）

干し大根のあえ物（p.23）…適量

〈おすすめのつけ合わせ〉

アミの塩辛、青とうがらし（生）、
　にんにく、好みの葉野菜…各適量

作り方

1　豚肉はたっぷりの水につけて1〜2時間
　おき、血抜きをする。

2　鍋に1、水7〜8カップ、A、長ねぎ、にん
　にくを入れて火にかける。煮立ったら弱め
　の中火にして25分、上下を返して20分
　煮る。

3　豆腐はキッチンペーパーに包んで水けを
　きり、横半分に切ってから1cm厚さに切る。

4　2の豚肉を食べやすく切り、3、干し大根
　のあえ物とともに器に盛る。つけ合わせも
　好みで包みながら食べる。

momo

豚バラかたまり肉

韓国でポピュラーな皮つ
きかたまり肉は、もちもちと
した独特の弾力と甘みが
魅力。手に入らなければ
皮のないものでも。

カルビチム

ちょっと特別な日に作る料理。
秋には栗を入れても

材料　2人分

牛LA骨つきカルビ … 600g
にんじん … 小1本
玉ねぎ … ½個
長ねぎ … ½本
しいたけ … 4個
韓国焼酎（または酒） … ⅓カップ
A 梨（またはりんご） … ¼個
└ 玉ねぎ … ¼個
B しょうゆ … 大さじ2½
　 はちみつ … 大さじ2
　 ごま油 … 大さじ1
　 にんにくのすりおろし … 大さじ½
　 しょうがのすりおろし … 小さじ1
└ 塩、こしょう … 各少々

作り方

1 牛肉はたっぷりの水につけて1〜2時間おき、血抜きをする。幅を3等分に切る。

2 鍋に湯を沸かして **1** を入れ、強火にする。再び煮立ったら中火にし、2分ゆでて洗う。

3 鍋に韓国焼酎と水3½カップを入れて火にかけ、沸騰したら **2** を入れる。ふたを少しずらし、弱めの中火で肉がやわらかくなるまで30〜40分ゆでる。

4 **A** の梨は皮をむき、玉ねぎとともにすりおろす。ボウルの上に重ねざるに梨と玉ねぎを入れてこす。**B** にこした汁を加えて混ぜる。

5 **3** に **4** を加えて、さらに20分煮る。

6 にんじんは1cm厚さ、玉ねぎは2cm四方、長ねぎは3cm長さに切る。しいたけは軸を除く。

7 **5** に **6** を加え、ときどき上下を返しながら、汁けがほぼなくなってつやが出るまで中火で20分煮る。

memo

牛LA骨つきカルビ
あばら骨に平行に切る通常の牛バラ肉に対し、垂直に切るのが特徴。そのため骨の断面が見える。

웰컴 투 한국 회 월드!

Welcome to
韓国刺し身ワールド！

釜山で出会った刺し身の
盛り合わせ。崖で海を眺
めながら、なまこやほやな
どが食べられます。

実は魚パラダイスなんです！

パワフルな肉料理のイメージが強い韓国ですが、海に囲まれた地理的条件もあって魚もよく食べます。中でも刺し身はみんな大好きで内陸部でも食べられる料理。そんな「魚天国」韓国の一面をご紹介します。

江陵にて。目の前が漁港の店。生きた魚をその場でさばいて食べさせてくれる。新鮮でおいしい！

광우문해
어럭어삼

チョジャン

材料（作りやすい分量）と作り方

器にコチュジャン大さじ1、酢大さじ1½、梅エキス（または砂糖）小さじ1、いり白ごま少々を入れ、混ぜる。

memo

チョジャン

甘辛くてすっぱい、韓国風酢みそ。市販もされている。

しょうゆワサビ

材料（作りやすい分量）と作り方

器にしょうゆ適量を入れ、練りわさび適量を添える。

キルムジャン

材料（作りやすい分量）と作り方

器に粗塩、ごま油各適量を入れ、混ぜる。

フェ ～韓国式刺し身～

材料 2～3人分

好みの刺し身（白身魚、貝類、いか、たこがおすすめ。写真はひらめ、あおりいか）… 適量

〈おすすめのつけ合わせ〉

青とうがらし（生）、にんにく、きゅうり、にんじん、好みの葉野菜 … 各適量

まずは王道のチョジャン、次にキルムジャンやしょうゆワサビ、野菜で包んでサムジャンで。味変をたっぷり楽しんだらビビムバブにするのもおすすめ

材料（1人分）と作り方

ボウルに温かいご飯適量を入れ、好みの刺し身、好みの葉野菜（一口大にちぎる）、ごま油、コチュジャン（またはチョジャン）各適量を加えて混ぜる。

この日はいかで

フェピビムパプ

好きな刺し身を好きなだけ混ぜ込んでピビムパプに

ごま油をたら〜り

↓

↓

混ぜて、混ぜて

↓

↓

역시 비빔밥으로도 해 먹어야

やっぱりピビムパプにもしちゃおう！

サムジャン（調理みそ）

材料（作りやすい分量）と作り方

器にみそ、長ねぎ（みじん切り）各大さじ2、コチュジャン大さじ1、ごま油、つぶしにんにく（p.4）各大さじ½、粉とうがらし（粗びき）小さじ1を入れ、混ぜる。

Ⓨ

memo

サムジャン
包む（韓国語で「サム」）ものをおいしく食べるための調味料。市販品も入手可能。

つけて食べる

包んで食べても

フェムチム 〜刺し身のあえ物〜

すっぱ甘辛いたれが
刺し身と生野菜によく絡む

材料　2〜3人分

刺し身（白身魚がおすすめ。写真はひらめ）… 100g
赤玉ねぎ … ⅛ 個
サニーレタス … 2 枚
えごまの葉 … 3 枚
きゅうり … ½ 本
梨（またはりんご）… 50g
A　コチュジャン、酢 … 各大さじ 1
└　梅エキス（または砂糖）… 小さじ 1
ごま油 … 大さじ ½
いり白ごま … 少々

作り方

1　刺し身は食べやすく切る。赤玉ねぎは
　薄切りにする。サニーレタス、えごまの葉
　は細切り、きゅうりは縦半分に切ってか
　ら斜め薄切りにし、梨はせん切りにする。

2　ボウルにAを入れて混ぜ、1を加える。
　なじむまであえ、ごま油を加えてさらに
　あえる。

3　器に盛り、白ごまを振る。

そうめんのかわりにご飯も合います

\ 氷を浮かべてどうぞ ／

ムルフェ ～水刺し身～

材料　2人分

刺し身（いか、白身魚がおすすめ。写真はいか）
　　… 100g

キャベツ … 100g

にんじん … 20g

きゅうり … ⅓ 本

梨ジュース（冷やしておく）… 1 カップ

A　コチュジャン、酢 … 各大さじ 4

　　オリゴ糖 … 大さじ 3

　　つぶしにんにく（p.4）… 大さじ 1

　　いわしエキス（またはナンプラー）… 小さじ 1

そうめん … 2 束

氷 … 適量

作り方

1　ボウルに A を入れて混ぜ、梨ジュースをダマにならないよう少しずつ加えて混ぜる。

2　刺し身は食べやすく切る。キャベツ、にんじん、きゅうりはせん切りにする。器にキャベツとにんじん、刺し身、きゅうりを順に盛る。

3　そうめんは袋の表示どおりにゆでる。流水でもみ洗いして水けをきり、別の器に盛る。

4　2 に氷をのせ、1 を注ぐ。食べすすめながら3 を加え、混ぜて食べる。

Ⓨ

memo

梨ジュース
韓国で好まれる果物、梨。ジュースもポピュラー。料理にもよく使われる。

3章

体も心も温まる
몸도 마음도 따뜻하게
~滋味あふれる鍋とスープ~

찌개
チゲ

탕
湯タン

국
汁グク

전골
ジョンゴル

국밥
クッパプ

韓国は汁物の国。
そんな印象を持っている人も
きっと多いことでしょう。
大ぶりの器に注がれたスープや
具だくさんの鍋物は、
季節にかかわらず
体も心も喜ぶごちそうです。
汗をかきながら、たっぷりどうぞ。

「カムジャ」の由来は諸説ありますが、一説によると、豚の背骨肉からきているとか。ここで紹介するのは、えごまの葉や粉を使わない、すっきりとしたタイプです

チャル モゴッスムニダ！

ゴロゴロ豚背骨肉とじゃがいも！ 迫力のあるビジュアルだけど味は繊細。なぜか平たいお皿にとり分けて食べます。シメは麺でも、ご飯を入れてポックムパプにしても絶品。

最後までとことん
楽しむよー

맛있다
おいしいー

🏠 店名　一味チッ／일미집
　　　　イルミ
📍 住所　ソウル特別市龍山区厚岩路 1-1
　　　　서울특별시 용산구 후암로 1-1
　　　　MAP 🅒 → p.108

渡韓

40

カムジャタン

シメにはラーミョン、がお楽しみ！

材料　2〜3人分

豚スペアリブ … 8本（600g）

じゃがいも … 4個

玉ねぎ … ½個

長ねぎ … 1本

にんにく … 4〜5かけ

A　みそ … 大さじ2

　└ 酒 … ⅓カップ

B　黒こしょう（粒）… 15〜20粒

　　赤とうがらし … 2本

　└ ローリエ … 1枚

C　粉とうがらし（細びき）… 小さじ2〜大さじ1

　　薄口しょうゆ … 大さじ1

　　しょうゆ … 小さじ1

　　えごま油 … 小さじ2

　　つぶしにんにく（p.4）、みりん、みそ … 各小さじ1

　└ 塩 … 小さじ⅓

作り方

1 スペアリブはたっぷりの水につけて1〜2時間おき、血抜きをする。玉ねぎは縦半分に切る。長ねぎは⅔本をぶつ切り、残りを小口切りにする。

2 鍋に**A**と水4カップを入れて火にかけ、煮立ったらスペアリブを入れる。5分ゆでてざるに上げ、洗う。

3 大きめの鍋に水7½カップと玉ねぎ、ぶつ切りにした長ねぎ、にんにく、**B**を入れて火にかける。煮立ったら**2**を加え、中火で40〜50分煮る。

4 スペアリブをとり出して煮汁をこし、4カップ分を鍋に戻す。足りないときは水を加える。スペアリブを戻し入れて再び火にかけ、**C**を加えて弱めの中火で30分煮る。

5 じゃがいもは皮をむいて耐熱容器に入れる。ラップをふんわりとかけ、電子レンジで約4分加熱する。上下を返してさらに3分、かために加熱する。**4**に加え、小口切りにした長ねぎをのせる。

6 火にかけたままスペアリブから食べ、じゃがいもに味がしみるまでさらに煮る。

バカッ

汁が煮詰まっていたら水適量を加えて火にかける。サリ麺を加えて煮る。

Ｙ

memo

サリ麺

スープの粉が添付されていない袋入り乾燥ラーメン。韓国では鍋のシメや具材などに幅広く使われる。

ユッケジャン

今回紹介するのは慶尚道でよく食べられる長ねぎたっぷりのユッケジャン。にんにくと青とうがらしを加えるとさらに現地っぽい味わいに

材料　2 ～ 3 人分

牛ももかたまり肉 … 500 ～ 550g

長ねぎ … 2 本

ぜんまい（水煮）… 120g

A　韓国焼酎（または酒）… ½ カップ
　　玉ねぎ（4 等分に切る）… 1 個
　　大根（皮つきのまま 1cm 厚さの半月切り）… 4cm
　　にんにく … 5 ～ 6 かけ
　　長ねぎ（青い部分）… 1 本分
　　ローリエ … 1 枚
　　黒こしょう（粒）… 10 ～ 15 粒

B　しょうゆ、粉とうがらし（粗びき）、
　　　つぶしにんにく（p.4）、みりん … 各大さじ 1
　　いわしエキス（またはナンプラー）、ごま油、ラー油
　　　… 各大さじ ½

〈 おすすめのつけ合わせ 〉

青とうがらし（生・斜め薄切り）、
　　つぶしにんにく（p.4）… 各適量

作り方

1　牛肉はたっぷりの水につけて 2 時間おき、血抜きをしてから洗う。大きめの鍋に牛肉、A、水 8 カップを入れて火にかけ、煮立ったらアクをすくって中火にし、ときどき上下を返しながら 1 時間煮る。

2　牛肉をとり出して煮汁をこし、5 カップ分を鍋に戻す。足りないときは水を加える。

3　牛肉を食べやすく切る。長ねぎは縦半分に切り、5 ～ 6cm 長さに切る。ぜんまいは食べやすく切る。

4　ボウルに 3 を入れ、B を加えてあえる。

5　2 の鍋に 4 を入れ、弱めの中火で 15 ～ 30 分煮る。器に盛り、おすすめのつけ合わせを添える。

肉を香味野菜などと煮る。野菜からいいだしが出る。

肉、長ねぎ、ぜんまいを調味料であえる。

渡韓

チャル モゴッスムニダ！

肉はもちろん、煮込んだたっぷりの長ねぎがとにかくおいしい！韓国の友人のおうちにお邪魔したような気分になれる店内も魅力。

長ねぎのうまみでスープが甘い！

🏠 店名　イェッチッ食堂（シクタン）／옛집식당

📍 住所　大邱広域市中区達城公園路6キル48-7
　　　　대구광역시 중구 달성공원로6길 48-7

MAP D → p.108

육개장 전문
옛집식당
☎554-4498

육개장
ユッケジャン

コンナムルクッパブ

コンナムル＝豆もやしが
たっぷり入ったクッパブは
全州の朝ごはんの定番。
澄んだ汁が胃にしみわたります

材料 2人分

豆もやし … 1½ 袋（300g）

するめいか（刺し身用・小さめ）… 1 ぱい

だし（煮干し）… 3 カップ

A アミの塩辛、薄口しょうゆ、つぶしにんにく（p.4）
　　… 各大さじ ½
　　いわしエキス（またはナンプラー）… 小さじ 1
　　こしょう … 少々

温かいご飯 … 400g

長ねぎ（小口切り）… ½ 本

白菜キムチ（粗いみじん切り）… 80g

卵 … 2 個

韓国のり、青とうがらし（生・小口切り）、
　つぶしにんにく、こしょう … 各適量

作り方

1 するめいかは内臓をとって内側もよく洗い、
胴は1〜1.5㎝四方、足は1〜1.5㎝長さ
に切る。鍋に湯を沸かし、酒と塩各少々（と
もに分量外）を加える。いかを入れ、30秒
ゆでてざるに上げる。

2 卵は小さい耐熱容器に1個ずつ割り入れて
湯せんにかけ、半熟状にする。

3 鍋にだしを入れて火にかけ、沸騰したらAを
加える。煮立ったら、豆もやしを加えて3分
煮て、弱火にする。

4 器にご飯を盛り、豆もやしをのせる。3の熱
い汁をかけて汁だけ鍋に戻して、を3〜4回
繰り返す。最後に汁を注ぐ。

5 いか、長ねぎ、キムチをのせ、卵とのりを添え
る。とうがらし、つぶしにんにくをのせ、こしょ
うを振る。

おいしさの秘訣は
"トリョム"すること

ご飯と豆もやしを入れた器に熱い汁を注ぎ、汁だけ鍋に戻します。これ
を数回繰り返して器やご飯を温めることを「トリョム」といいます。

전주의 맛

全州の味（チョンジュ）

食べ方は
いろいろ！

食べ方は人によっていろいろ。卵をクッパプに入れる人もいれば、この写真のように別に食べる人も。二日酔いのときに食べることも多いので、胃を保護するためにまず初めに卵、という食べ方もあるそう。

テジクッパプ

材料　2〜3人分

豚肩ロースかたまり肉 … 500〜550g

A　玉ねぎ（縦半分に切る）… ½ 個
　　長ねぎ（半分に切る）… ½ 本
　　にんにく … 5〜6 かけ

B　韓国焼酎（または酒）… ½ カップ
　　黒こしょう（粒）… 10〜15 粒
　　ローリエ … 1 枚

塩 … 小さじ ½

温かいご飯 … 300〜450g

長ねぎ（小口切り）… ¼ 本

にらのあえ物（p.22）… 適量

ヤンニョムジャン

　　粉とうがらし（粗びき）、長ねぎ（みじん切り）
　　　 … 各大さじ 2
　　つぶしにんにく（p.4）、
　　　 いわしエキス（またはナンプラー）… 各大さじ ½
　　砂糖 … 小さじ 1
　　おろししょうが … 小さじ ¼
　　塩 … 少々

作り方

1　豚肉はたっぷりの水につけて1〜2時間おき、血抜きをする。ヤンニョムジャンの材料は混ぜる。

2　大きめの鍋に豚肉、A、B、水7½カップを入れて中火にかける。煮立ったら、ときどき上下を返しながら40〜50分煮る。

3　豚肉をとり出して煮汁をこし、4カップ分を鍋に戻して弱火にかけ、塩を加える。豚肉は食べやすく切る。

4　器にご飯を盛り、豚肉をのせて小口切りの長ねぎを散らす。

5　4に3の熱い汁をかけて、汁だけ鍋に戻して、を2〜3回繰り返してトリョム（p.44）する。最後に汁を注ぐ。ヤンニョムジャン適量、にらのあえ物を加えながら食べる。好みでカクテキ（p.56）を添える。

あっさり味の汁がおいしい
豚のクッパプ。
にらのあえ物やヤンニョムジャンを
加えて、好みの味つけに

돼지국밥
テジクッパプ

チャル モゴッスムニダ！

釜山名物テジクッパプ！熱々のクリアな
スープににらのあえ物をどさっと入れて、
サラサラと流し込むのがたまりません！

あ〜、
たまらないねえ

🏠 店名　　プグァンテジクッパ／부광돼지국밥

📍 住所　　釜山広域市中区大庁路141番キル15-1
　　　　　　부산광역시 중구 대청로141번길 15-1

MAP E →p.108

チョングクジャン

納豆のようなにおいに驚くけれど
口に入れるとまろやかな豆の味。
ナムルや目玉焼き、ご飯と
混ぜながら食べるのが本場スタイル。

材料　2人分

チョングクジャン … ½ 個（100g）

　（または納豆 … 2 パック）

木綿豆腐 … 100g

白菜キムチ（あれば古漬け） … 50g

玉ねぎ … ¼ 個

長ねぎ（5mm厚さの小口切り） … ¼ 本

韓国かぼちゃ（またはズッキーニ） … ⅓ 本

A　だし（煮干し） … 2 カップ

　　つぶしにんにく（p.4） … 大さじ ½

　　みそ … 大さじ 1

　　粉とうがらし（粗びき） … 小さじ 1

温かいご飯、目玉焼き、

　　好みの葉野菜、ナムルなど … 各適量

作り方

1　チョングクジャンは粗くほぐす。キムチ、玉ねぎは1cm
　四方に切る。韓国かぼちゃ、豆腐は1cm角に切る。

2　鍋にAを入れて火にかけ、煮立ったらキムチ、玉ねぎ、
　韓国かぼちゃ、長ねぎを入れる。弱火にして3分煮て、
　チョングクジャンを加えてさらに3分煮る。

3　豆腐を加え、軽く煮て火を止める。ご飯、目玉焼き、
　葉野菜、ナムルなどと混ぜながら食べる。

memo

チョングクジャン

大豆を発酵させて作るみそその一種。日
本の納豆に似た独特のにおいがする。

サムゲタン

骨つきの鶏もも肉で作るから
簡単でおいしく、しかも食べやすい！

材料 2〜3人分

鶏骨つきもも肉 … 2本（600g）
サムゲタンのスープ材料セット（好みのもの）
　… 適量
高麗人参（セットに入っていない場合）
　… 1本
にんにく … 5〜6かけ
もち米（またはうるち米） … 1/3 合（60㎖）
A 酒 … 1/2 カップ
 └ 塩 … 小さじ 1
長ねぎ（小口切り） … 1/3 本

作り方

1 鶏肉は関節の間に包丁を入れて半分
に切り、ボウルに入れる。たっぷりの水
を加え、1時間おいて血抜きをする。も
ち米は洗ってざるに上げ15分以上おく。

2 鍋にAと水7 1/2 カップ、鶏肉、スープ材
料セット（と高麗人参）、にんにくを入れ
て火にかけ、煮立ったら弱めの中火に
して15分煮る。

3 もち米を加えてさらに15〜20分煮る。

4 器に盛って長ねぎを散らし、好みで塩、
こしょう各適量を添える。

memo

スープ材料セット
サムゲタンのスープに必要な漢
方食材のセット。高麗人参が含
まれていない場合は単品（写真
右）を別に準備して。

プゴッグク
～干しだらのスープ～

家庭でも外食でも
人気の朝ごはんメニュー

材料　2人分

干しだら … 40g

木綿豆腐 … 100g

とき卵 … 1個分

長ねぎ（5mm厚さの小口切り）… 1/3 本

だし（たら、煮干しなど）… 3 1/2 カップ

A 酒 … 大さじ 2
　つぶしにんにく（p.4）… 大さじ 1
　アミの塩辛 … 大さじ 1/2
　いわしエキス（またはナンプラー）… 小さじ 1
　塩 … 小さじ 1/4
　こしょう … 少々

ごま油 … 大さじ 1/2

作り方

1　干しだらは水の中で軽くもみ、水けをしぼる。豆腐は1cm四方×3cm長さに切る。

2　フライパンにごま油を熱してたらを入れ、中火で2〜3分炒める。だしを加え、煮立ったらAを加える。弱火にしてさらに7〜8分煮る。

3　豆腐を加え、煮立ったらとき卵を細く流し入れる。ふわりと固まったら、長ねぎを加えて軽く煮る。器に盛り、好みでこしょう少々を振る。

Y

memo

干しだら

すけとうだらを干して裂いたもの。スープの具材のほか、あぶってお酒のつまみにしたり、だしにも使う。

コンビジって
おからのこと

コンビジチゲ
～おからのチゲ～

材料　2～3人分

おから … 200g

豚こまぎれ肉 … 100g

白菜キムチ（あれば古漬け）… 100g

長ねぎ（5mm厚さの小口切り）… ¼ 本

米のとぎ汁（または煮干しだし）… 2½ カップ

酒 … ⅓ カップ

A　いわしエキス（またはナンプラー）… 小さじ 1

　　しょうゆ … 小さじ ½

　　塩 … 適量

ごま油 … 小さじ 1

作り方

1　豚肉とキムチは粗く刻む。

2　鍋にごま油を熱して豚肉を入れ、中
　火で2分炒める。長ねぎを加えて1
　分ほど炒め、しんなりしたらキムチを
　加えてさらに1分炒める。

3　米のとぎ汁と酒を加え、煮立ったら
　おからを加えて弱めの中火で5～6
　分煮る。味をみて、足りなければ**A**
　で調味する。

米のとぎ汁
韓国では米のとぎ汁をだしとして
使う。特に汁物に使うことが多い。

豆もやしとキムチのスープ

シンプルながら、影の立役者。
豆もやしのだしがチョアヨ（いいね）！

材料　2〜3人分

豆もやし … 30g
白菜キムチ（あれば古漬け）… 30g
だし（煮干し）… 2カップ
A　つぶしにんにく（p.4）、
　　　いわしエキス（またはナンプラー）… 各小さじ1
　└ 塩 … 少々

作り方

1　キムチは粗く刻む。

2　鍋にだしを入れて火にかけ、沸騰したら1、A、豆もやしを加える。煮立ったら弱火にして3〜4分煮る。

マンドゥジョンゴル

マンドゥ＝餃子、ジョンゴル＝鍋のこと。人気の韓国冷凍餃子で大満足のボリューム感に。たっぷりの野菜も一緒に煮込みます

材料　3〜4人分

冷凍餃子（好みのもの1〜2種類）… 計16〜20個
白菜キムチ（あれば古漬け）… 150g
木綿豆腐 … 100g
好みのきのこ（しいたけ、しめじ、えのきだけ、まいたけなど）… 計200g
チンゲンサイ … 1株
赤パプリカ … ¼ 個
にんじん … ⅓ 本
玉ねぎ … ¼ 個
長ねぎ … ½ 本
A つぶしにんにく（p.4）… 大さじ2
　　 いわしエキス（またはナンプラー）… 大さじ1
だし（牛肉、煮干しなど）… 2カップ

作り方

1 キムチは一口大に切る。豆腐はキッチンペーパーで包んで
　15分水きりし、一口大に切る。しいたけは軸を除いて食べ
　やすく切り、えのきは根元を切って食べやすくほぐし、残りの
　きのこは小房に分ける。チンゲンサイは葉と茎に切り分け、
　葉はざく切りに、茎は8等分に切る。パプリカは縦に細切り、
　にんじんは斜め薄切りにしてから細切り、玉ねぎは薄切りに
　し、長ねぎは5〜6cm長さに切ってから細切りにする。

2 鍋に冷凍餃子と1を彩りよく並べてAを加え、だしを注ぐ。
　中火にかけ、煮ながら食べる。

memo

韓国冷凍餃子
日本でもおなじみの冷凍餃子。具材は野菜や肉のほかキムチが入ったものも。

カクテキ

| 冷蔵室で |
| 1カ月 |
| 保存可 |

材料

作りやすい分量・できあがり量約750g

大根 … 800g
A［塩、砂糖 … 各大さじ 1
上新粉 * … 小さじ 2
粉とうがらし（粗びき）… 大さじ 4
B アミの塩辛（粗いみじん切り）、
　　つぶしにんにく(p.4)
　　　… 各大さじ 1
　　砂糖、いわしエキス（またはナンプラー）
　　　… 各小さじ 1
　　しょうがのすりおろし … 小さじ ½

* 上新粉がないときの「のり」の作り方：小
鍋にご飯大さじ 1 と水 ¼ カップを入れてハン
ドミキサーなどでつぶし、煮立ててから冷
ます。

作り方

1 大根は皮つきのまま 2cm角に切る。ボウルに入れ
てAをまぶし、1〜2時間おく。

2 発酵を促進させる「のり」を作る。鍋に上新粉、
水 ¼ カップを入れて混ぜ、中火にかける。混ぜな
がら煮立て、かためののり状になったら火を止め
て冷ます。

3 1の水けをしっかりしぼる。

4 粉とうがらしをムラなくまぶして15〜30分おく。

5 2にBを加えて混ぜてから、4に加えて全体によ
く混ぜる。

6 清潔な保存容器に入れ、口の周りも清潔にしてふ
たをする。室温で1日おき、その後、冷蔵室へ。2
日後くらいからおいしく食べられる。

memo

アミの塩辛
えびの一種、アミを塩漬けにし
て熟成させたもの。旨みと塩け
が強く、韓国ではキムチを作る
ときに欠かせない食材。いか
の塩辛で代用もできる。

食べごたえある大根のキムチ。
酸味が出てきたら刻んで、
白菜キムチのかわりに
ポックムパプ（P.64）に入れても

キムチはやっぱり欠かせない！

짜꾸 손이 가는 깍두기

ついつい手がのびるカクテキ

日本でも白菜キムチ同様におな
じみの、カクテキとオイキムチ。
作り方を説明するとき、オモニは
「大根の傷口にとうがらしをす
り込むように」と例えるそう。痛
そうだけれど、納得です。

56

아삭하게

シャキッと漬ける
黄金レシピ

정이는
황금레시피

オイキムチ

冷蔵室で
2週間
保存可

パリパリの歯ごたえがおいしい、
きゅうりのキムチ。
食感の秘密はゆでることにあり！

作り方

1 きゅうりは1.5～2cm厚さの小口切りにする。細ねぎは1.5cm長さに切る。

2 鍋に塩と水2カップを入れて火にかけ、沸騰したらきゅうりを入れる。強めの中火にし、煮立ったら混ぜながら1分ゆでる。ざるに上げて冷ます。

3 発酵を促進させる「のり」を作る。鍋に上新粉、水大さじ2½を入れて混ぜ、弱めの中火にかける。混ぜながら煮て、かためののり状になったら火を止めて冷ます。量が少なく焦げやすいので注意。

4 ボウルに3、Aを入れ、ダマにならないように混ぜる。

5 2を加えて混ぜ、細ねぎを加えてさらに混ぜる。

6 清潔な保存容器に入れ、口の周りも清潔にしてふたをする。室温で1日おき、その後、冷蔵室へ。翌日あたりからおいしく食べられる。

材料

作りやすい分量・できあがり量約400g

きゅうり … 大3本（1本約120g）

細ねぎ … 2～3本（10g）

塩 … 大さじ2

上新粉 * … 大さじ½

A 粉とうがらし（粗びき）… 大さじ1
　つぶしにんにく（p.4）… 大さじ½
　アミの塩辛（粗いみじん切り）、
　　いわしエキス（またはナンプラー）
　　… 各小さじ1
　しょうゆ … 小さじ⅓

* 上新粉がないときの「のり」の作り方：
小鍋にご飯大さじ½と水大さじ2½を入れてハンドミキサーなどでつぶし、煮立ててから冷ます。

オイキムチグクス

オイキムチを使って作る
さっぱり麺料理。
ゆで卵と一緒に食べてもおいしい

材料　2人分

オイキムチ … 8 〜 10 切れ（好みで）

オイキムチの漬け汁 … 適量

冷麺の汁（市販品）… 1 パック

そうめん … 2 人分（少なめ）

作り方

1　冷麺の汁はシャーベット状になるま
　　で凍らせる。

2　そうめんは袋の表示どおりにゆで、
　　流水でもみ洗いして水けをきる。

3　1と漬け汁を混ぜて器に適量入れ、
　　2とオイキムチを盛る。

memo

冷麺の汁

希釈せずそのまま使える冷麺
用の汁。牛だし、水キムチの汁
などをベースにしたものがある。
ここでは好みを選んでOK

바로 만들어 먹을 수 있는 김치

さっと作って食べられるキムチ

コッチョリ

韓国では「コッ（表面）チョリ（漬け）」
と呼ばれる浅漬けキムチ。
サラダ感覚でバリバリ食べます。
白菜は、芯に近い部分が
甘みがあるのでおすすめです

材料　2～3人分

白菜 … ⅛ 個（約300g）

細ねぎ … 3 ～ 4 本（20g）

A 粉とうがらし（粗びき）… 大さじ1

いわしエキス（またはナンプラー）、

オリゴ糖、つぶしにんにく（p.4）

… 各大さじ ½

塩 … ひとつまみ

B ごま油 … 大さじ ½

いり白ごま … 小さじ1

作り方

1 白菜はそぎ切りにする。細ねぎ
は4cm長さに切る。

2 ボウルにAを入れ、1を加えて
あえる。Bを加えてさらにあえる。

野菜も味つけもいろいろ キムチのバリエーション

江華島のキムチ売り場に並ぶのは、当地の名物・赤かぶキムチや、これも名物のサッパ（ままかり）を加えたキムチなど。

ソウル・広蔵市場（クァンジャン シ ジャン）にて。オルガリ（非結球白菜）やヨルム（若大根の葉）のキムチが並ぶ。

海辺に近い街では、海産物もキムチの材料になる。

キムチといえば、白菜で作るものが大定番。この本ではほかにも、大根で作るカクテキと、きゅうりで作るオイキムチを紹介しましたが、韓国各地にはまだまだいろいろな野菜で作ったキムチがあります。

例えば、私が好きなのは、ソウル近郊・江華島（カンファド）の赤かぶのキムチ。この地域が赤かぶの産地のため、キムチもよく作られて名物になっています。同様に、韓国南部の麗水（ヨス）はからし菜の産地で、その分あっさりとした味わいに。

からし菜のキムチが名物。ほかにも、地域は問いませんが、ねぎ、えごまの葉、若大根の葉などの海藻など、その土地でとれる海産系のキムチも見られます。ほかにもトマトやかぼちゃ、さらにはすもも、りんごなどフルーツのキムチもあるんです。

地域によって、材料だけでなく味にも違いがあります。一般的には南部のほうはこってりと濃く甘みがある味わいですが、北部では薬味をあまり使わないので、その分あっさりとした味わいに。

また、海辺の地域では、野菜だけでなく生魚の切り身やカキ、海藻など、その土地でとれる海産物を入れるので、旨みが詰まったちょっと贅沢な味わいになります。

こうしたキムチは市場や商店で売られていることが多く、訪れた土地で気になるキムチがあれば買ってみます。地方色ゆたかなキムチに出会うことは、旅の楽しみの一つでもあるのです。

4章

お腹すいた！ごはん食べよ！
배고파! 밥 먹자!

〜これ1品で、お腹満足〜

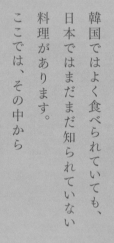

韓国ではよく食べられていても、
日本ではまだまだ知られていない
料理があります。
ここでは、その中から
1品で大満足できる料理を集めました。
ペゴパー！ お腹すいたらこれ作ろ！

한 그릇으로 행복해

一皿で、幸せ

キムチ ポックムパプ

キムチだけでパッと味が決まります。カクテキ（P.56）で作っても◎

材料　2人分

ご飯 … 400g

豚こまぎれ肉 … 100g

長ねぎ（粗いみじん切り）… ⅓ 本

白菜キムチ（あれば古漬け）… 120g

A　しょうゆ … 小さじ ½

　　オイスターソース … 小さじ 1

　　砂糖 … 少々

　　粉とうがらし（粗びき・好みで）… 小さじ 1

卵 … 2 個

サラダ油 … 大さじ 1½

作り方

1　豚肉、キムチは粗く刻む。

2　フライパンにサラダ油大さじ1を熱し、長ねぎ、豚肉を入れて中火で2分炒める。Aを加えて混ぜ、キムチを加えてさらに1分炒める。

3　ご飯を加え、切るように混ぜながら全体がなじむまで炒める。味をみて、足りなければしょうゆなど（分量外）を加えて調味し、器に盛る。

4　フライパンをさっと洗ってサラダ油大さじ ½ を熱し、卵を割り入れて好みのかたさの目玉焼きを作る。3にのせ、好みでいり白ごま適量を振る。

材料　3〜4人分

韓国のもち（スライスタイプ）
　　… 200g
白菜キムチ（あれば古漬け）… 80g
オムク（解凍したもの）… 2枚
ハム … 2枚
長ねぎ（小口切り）… ⅓ 本
A　コチュジャン、オリゴ糖
　　… 各大さじ 4
　　つぶしにんにく（p.4）、
　　粉とうがらし（粗びき）
　　… 各大さじ 1
ピザ用チーズ … 80g

作り方

1　トックはさっと洗う。キムチはさっ
　と洗ってから1cm四方に切る。オ
　ムク、ハムは2〜3cm四方に切る。
　Aは混ぜる。

2　フライパンに水3カップを入れて
　火にかけ、沸騰したら長ねぎと1
　を入れる。Aをとかし入れ、ときど
　き混ぜながら、少しとろみが出る
　まで中火で8〜10分煮る。

3　耐熱容器に盛ってチーズを散ら
　す。ラップはかけず、電子レンジで
　チーズがとけるまで2分〜2分
　30秒加熱する。

ピザトッポギ

韓国の人たちが大好きな
ピザとトッポギを組み合わせた
学生街の人気メニュー

トンカス 〜韓国風トンカツ〜

ドラマなどでもたびたび登場する
韓国ファン憧れの一品。
食べる前に全部一口大に
切り分けるのが現地流

老若男女に人気のトンカス。
薄くたたいてカリッと揚げたカツと
とろりとしたソースが特徴です。
ソウルのランドマーク、
Nソウルタワーの近くには、
トンカス店が軒を並べる
「南山_{ナムサン}トンカス通り」があり、
いつもにぎわっています。

材料　2人分

豚肩ロースとんカツ用肉 … 2枚

塩 … 小さじ ¼

こしょう … 少々

A　小麦粉、とき卵、パン粉
└　… 各適量

揚げ油 … 適量

バター … 15g

小麦粉 … 大さじ 1

B　トマトケチャップ … 大さじ 2
├　ウスターソース … 大さじ 1
├　しょうゆ … 小さじ ½
└　塩、こしょう … 各少々

牛乳 … 大さじ 2

作り方

1 豚肉は肉たたきなどでたたいて
のばし（目安は20×10〜12cm）、
塩、こしょうを振ってから両面に
Aを順にまぶす。

2 ソースを作る。フライパンにバター
をとかして小麦粉を加え、薄茶色
になるまで弱火で1〜2分炒め
る。水½カップ、**B**を順に少しず
つ加え、ダマにならないように混
ぜる。とろっとするまで1〜2分
煮て、牛乳を加えて混ぜる。

3 皿につけ合わせ（右記）を盛る。

4 フライパンに揚げ油を中温（170
度）に熱し、**1**を入れる。上下を
返しながら、きつね色になるまで
3〜4分揚げて油をきる。

5 **3**に盛って**2**をかける。

〈 おすすめのつけ合わせ 〉

・ご飯
適量を、あればアイスクリームディッシャーで抜く。

・キャベツ
せん切りキャベツ適量にソース（マヨネーズ、トマトケチャッ
プ各大さじ1、砂糖、塩、こしょう各少々を混ぜる）をかける。

・マカロニサラダ
マカロニ30gを袋の表示どおりゆでて粗熱をとり、マヨ
ネーズ大さじ1、砂糖、塩、こしょう各少々であえる。

・青とうがらし（生）
1本をそのまま添える。たまにかじって味のアクセントに！

香りゆたかな山菜の炊き込みご飯。コンドゥレ（高麗アザミ）などでもおいしくできます。おこげに湯をかけて食べる「スンニュン」まで楽しんで

ナムルパプ
〜干し山菜のご飯〜

材料　3〜4人分

乾燥チナムル（シラヤマギク）… 15g

米 … 2合（360㎖）

A［えごま油、しょうゆ … 各小さじ1

［ヤンニョムジャン］

細ねぎ（小口切り）… 10g

しょうゆ … 大さじ1½

梅エキス（または砂糖）、
　粉とうがらし（粗びき）、
　えごま油 … 各小さじ1

memo

乾燥チナムル
山菜の一種であるシラヤマギクを乾燥させたもので、炊き込むと独特のいい香りがする。韓国食材店やネットショップで購入可能。

作り方

1　乾燥チナムルはたっぷりの水に30分つけてもどす。熱湯で5分ゆでてざるに上げ、再びたっぷりの水につける。ときどき水をかえて2〜3時間おく。

2　米は洗ってざるに上げ、15分おいて水けをよくきる。

3　1の水けをしぼり、長ければ食べやすく切る。ボウルに入れ、Aを加えてもむ。

4　鍋に2と水2カップを入れ、3を散らしてふたをする。中火にかけ、煮立ったら弱火にして12分炊き、火からおろして10分おく。

5　ヤンニョムジャンの材料を混ぜて添え、ご飯にかけて混ぜながら食べる。

スンニュンがお楽しみ！

最後は鍋に残ったおこげに熱々の湯をかけて「スンニュン」を。香ばしいだけでなく、消化を助ける働きがあるといわれています。

オムクウドン

大人も子どもも大好きな屋台フード。「ソジュを呼ぶウドン」ともいわれます

材料 2人分

冷凍うどん … 2玉

だし（煮干しなど） … 4カップ

A みりん … 大さじ2

薄口しょうゆ … 大さじ1

いわしエキス（またはナンプラー） … 大さじ½

しょうゆ … 小さじ1

オムク（解凍したもの） … 2枚

春菊 … 2本

B 長ねぎ（小口切り）、天かす、粉とうがらし（粗びき）、

つぶしにんにく（p.4） … 各適量

作り方

1 鍋にだし、**A**を入れて火にかけ、煮立てる。春菊は茎のかたい部分を除く。

2 オムクは長い辺を横にしておき、三つ折りにして縫うように串を刺す。**1**の鍋に加えて2〜3分煮る。

3 うどんは解凍して器に盛る。**2**の汁をかけてオムクと春菊を添え、**B**をのせる。

えごま油のマッグクス

材料　2人分

そば（乾燥）… 250g

めんつゆ（3倍濃縮タイプ）… 大さじ 1

えごま油 … 大さじ 1

韓国のり（もんでおく）… 5 〜 10枚

すり白ごま … 大さじ 1 〜 2

作り方

1 器にめんつゆ、えごま油を等分に入れる。

2 そばは袋の表示どおりにゆで、流水でもみ洗いする。**1** の器に等分に盛る。

3 白ごまを振ってのりをのせ、よく混ぜて食べる。

＊えごま油、のり、白ごまは好みの量に調節してOK。

簡単 &
やみつき味！

江原道の郷土料理。
えごま油と白ごまを
たっぷり絡めて香りゆたかに

コングクス

コン＝豆、
グクス＝麺のこと

材料　2人分

豆乳（無調整）… 1½ カップ
絹ごし豆腐 … 1丁（300g）
塩 … 小さじ⅓
ひやむぎ … 2束（200g）
きゅうりのせん切り、いり黒ごま
　　… 各適量

作り方

1　豆乳に豆腐、塩を加え、ミキサーなどでとろっ
　　とするまで撹拌する。

2　ひやむぎは袋の表示どおりにゆでて流水で
　　もみ洗いし、器に盛る。

3　1を周りから注ぎ、きゅうりをのせてごまを振る。

夏季限定の店も多いコングクス。
冷たくなめらかな豆乳が麺と絡み、
キムチともよく合います

あさりのカルグクス

カルグクスの名前の由来は
「包丁で切った麺」。
麺をだしに直接入れて煮込むので
汁に適度なとろみがつきます

材料　2人分

あさり（殻つき・砂出ししたもの）… 300g

カルグクス … 240g

A だし（煮干し、牛肉など）… 4カップ
　薄口しょうゆ … 小さじ2
　いわしエキス（またはナンプラー）… 小さじ1
　こしょう … 少々

韓国かぼちゃ（またはズッキーニ）… ⅓本

作り方

1　あさりは殻をこすり合わせてよく洗い、ざるに
　上げる。韓国かぼちゃは細切りにする。

2　鍋にAを入れて火にかけ、煮立ったらあさり
　を入れる。口が開いてきたら、カルグクスを
　粉を軽くはたいて加える。

3　袋の表示時間の2分前に韓国かぼちゃを加
　え、2分煮て火を止める。

memo

カルグクス

ほどよいコシがある喉ごしのい
いうどん。手に入らない場合
は、平打ちの生うどんで代用す
ると近い食感を味わえる。

やっぱり**ラーミョン**が好き

余分な脂を
拭きとって……

まずはねぎを
肉で巻いて

持ち上げると
コシが出るとか
出ないとか

インスタントラーメンをこよなく愛する韓国の人たち。キャンプの食事でもラーミョンは大人気です。ここでは、そんな「ラーミョン・アウトドアスタイル」を完全再現しました。まず肉を焼いてねぎのあえ物とともに堪能し、その後にメインのラーミョンを。鍋のふたを器がわりに、いただきます！

材料 1人分

インスタントラーメン（好みのもの）
　　…1～2袋
豚バラ焼き肉用肉 … 150g
サラダ油 … 小さじ½
ねぎのあえ物（p.22）、
　　こしょう … 各適量

割り箸で
袋を留める

軍隊式ラーミョン「ポグリ」

袋にお湯を注いで作るラーミョン。韓国の軍隊では、こんなワイルドすぎる食べ方もあるとか!?

※イメージです。やけどの危険があるため鍋で作ってください。

好みで
割ってみて!

麺の割り方いろいろ

麺の長さを断ち切ったり(右上)、長さを保ったり(右下)、厚みを半分にしたり(左下)。

憧れの川を眺めながら食べるラーミョン!

渡韓 | **漢江(ハンガン)のほとりでラーミョンを食べる**

하늘 아래서 먹는 그 맛!

空の下で食べるあの味!

ソウル市内を流れる漢江沿いに立つコンビニには、ラーミョン自動調理マシンがある。できあがったら、川べりに座って食べよう。

作り方

1. フライパンにサラダ油を熱して豚肉の半量を並べる。中火で1〜2分焼き、焼き色がついたら上下を返して1分焼く。
2. ねぎのあえ物適量を豚肉で包んで食べる。
3. 脂をキッチンペーパーで拭き、残りの肉を焼く。
4. ラーメンの袋の表示どおりの水を③に注ぐ。
5. 煮立ったらラーメンの粉末スープを入れる。
6. 麺を入れて煮る。ときどき持ち上げる。
7. 麺に火が通ったら、残りのねぎのあえ物をのせ、こしょうを振って食べる。

キムパプって 多種多様！

キムパプの具材といえば牛肉ヤッナなどが一般的ですが、現地ならではの変化球キムパプも人気です。一度食べればやみつきになることまちがいなし！

유부 김밥 ユブキムパプ

「ユブ」＝油揚げを具材に使っているから満足感＆食べごたえあり。キムパプ専門店のひそかな人気メニューです

韓国のキムパプ専門店でおなじみ。ないと寂しい汁物。

キムパプ店の汁

材料（作りやすい分量）と作り方

鍋にうどん用だし（市販品）と表示どおりの水を入れ、あれば青とうがらし（生）1本を入れて煮立てる。器に盛り、好みで天かす、長ねぎ（小口切り）各適量を散らす。

6

7

8

9

作り方

【準備をする】

1 油揚げはキッチンペーパーではさんで油を軽くとる。鍋に入れて煮汁の材料を加え、汁けがほぼなくなるまで弱めの中火で8〜10分煮る。軽くしぼって1cm幅に切る。

2 にんじんはせん切りにする。フライパンにサラダ油を熱し、3分炒める。**A**を加えて絡める。

3 ほうれんそうは塩適量（分量外）を入れた熱湯でゆで、水けをしぼる。

4 ランチョンミートは5mm四方の棒状に切り、フライパンで表面を軽く焼く。たくあんは汁けをきる。

5 ボウルにご飯、**B**を入れ、切るように混ぜる。

【巻く】

6 のり1枚を横長におき、奥側を2cmほど残して**5**の半量を薄く均等に広げる。

7 のりの中央よりやや手前に、具材の半量を積み上げるようにのせる。芯になりそうな具材は最後に。

8 具材を軽くつかむように全体を両手で支えながら、手前から巻く。同様にもう1本作る。

9 表面にごま油を塗って白ごまを散らし、食べやすく切る。

材料　2本分

焼きのり（全形）… 2枚

油揚げ … 2枚

煮汁
　┌ だし（煮干しなど）… ¾カップ
　│ みりん … 大さじ2
　└ 薄口しょうゆ … 大さじ1

にんじん … ½本

サラダ油 … 小さじ1

A　┌ ごま油、つぶしにんにく（p.4）
　　　│　… 各小さじ½
　　　└ 塩 … ひとつまみ

ほうれんそう … 80g

ランチョンミート … 80g

キムパプ用たくあん … 1本

温かいご飯 … 340g（1合分）

B　┌ ごま油 … 大さじ1
　　　└ 塩 … 小さじ½

ごま油、いり白ごま … 各適量

Ⓨ

memo

キムパプ用たくあん

日本のものとほぼ同じたくあんだが、韓国ではキムパプ用に細長くカットされたものが売られている。

2

3

4

5

광장시장 뒷골목에 있는
색다른 김밥

広蔵市場裏通りにある
風変わりなキムパプ

누드
김밥
ヌードキムパプ

広蔵市場の隠れた名物。のりが内側、ご飯が外側と通常の逆になっているため、「ヌード」と呼ばれています

クァンジャン シジャン

作り方

1 バットにごま油（分量外）を薄く塗り、のり1枚を横長におく。奥側を2cmほど残し、ご飯の半量を薄く均等に広げる。

2 上下を返し、のりを上にする。

3 チーズとオムクは半分に裂く。のりの中央より手前に、チーズ、オムク、ランチョンミート、たくあんの半量を積み上げる。芯になりそうな具材は最後に。

4 具材を軽くつかむように全体を手で支えながら、手前から巻く。同様にもう1本作る。

5 食べやすく切って器に盛り、ツナマヨをのせる。かんたんチャプチェ、コチュ ジャンアチを添える。

材料　2本分

焼きのり（全形）… 2枚

温かいご飯 … 340g（1合分）

ランチョンミート（細切り）… 40g

キムパプ用たくあん … 2本

スライスチーズ（あればゴーダ）… 2枚

オムク（解凍したもの）… 2枚

ツナマヨ* … 適量

* ツナ缶小1缶の油をきってボウルに入れ、マヨネーズ大さじ1½、砂糖、塩、こしょう各少々を加えて混ぜる。

〈つけ合わせ〉

かんたんチャプチェ（下記）、
　コチュ ジャンアチ（p.25・小口切り）
　　… 各適量

かんたんチャプチェ

ヌードキムパプに合わせると最高！

材料　作りやすい分量

韓国はるさめ … 50g

にんじん（せん切り）… 10g

A つぶしにんにく（p.4）、しょうゆ、
　　砂糖、ごま油 … 各小さじ1
　　塩、こしょう … 各少々

作り方

❶ はるさめは30分ほど水に浸してもどす。

❷ 鍋に湯を沸かし、①とにんじんを入れて3分ゆでる。

❸ 湯をきって熱いうちにボウルに入れ、Aを加えて混ぜる。

광장시장의 아이돌
広蔵市場のアイドル

마약
김밥
麻薬キムパプ

広蔵市場の名物。
「麻薬」の名は、おいしくて
クセになることからついたものだそう

材料　8個分

焼きのり（全形）… 1枚
温かいご飯 … 80g
にんじん … 30g
A　ごま油 … 小さじ⅓
└ 塩、砂糖 … 各少々
たくあん … 20g

たれ
┌ しょうゆ … 大さじ1
│ 練りがらし … 大さじ½
│ 水 … 小さじ1
└ 砂糖 … 小さじ⅓

作り方

1 にんじんは細切りにし、さっとゆでるか、電子レンジで軽く加熱する。しんなりしたら熱いうちにボウルに入れ、Aを加えてあえる。たくあんは細切りにする。

2 のりは十字に4等分に切り、横長においてご飯を奥を少し残して薄く広げる。1を横向きにのせて手前から巻き、半分に切る。

3 たれの材料を混ぜる。器に盛り、たれ、たくあん（いちょう切り・分量外）を添える。

食べ歩きするならココ！

くいだおれ天国、
広蔵市場

これは確かに
クセになる！

チャル モゴッスムニダ！

ソウルで最も観光客が多い市場だと思う。私は朝屋台のトーストを食べ、昼にキムパプを味わい、夜は屋台で一杯、最終日に「洪林」というお店でのりの佃煮を買って帰ります。

마약김밥!!!
麻薬キムパプ

店名　広蔵市場／광장시장
住所　ソウル特別市鍾路区昌慶宮路88
　　　서울특별시 종로구 창경궁로 88
MAP F →p.108

麻薬キムパプ

ピンデドック

渡韓

どうやって
作るのかな？

ヌードキムパプ

같이 먹으면 그곳은 바다 위

一緒に食べたらそこは海の上

忠武キムパプ

忠武 チュンム

충무
김밥

港町・忠武（現在の統営）が発祥。もとは漁師料理で、具を巻いておくと傷みが早くなるため別盛りスタイルになったといわれています

材料　2人分

焼きのり（全形）… 2¼ 枚
温かいご飯 … 340g（1合分）
いかとオムクのあえ物（左記）、
　カクテキ（p.56）… 各適量

作り方

のりは十字に4等分に切り、横長においてご飯を奥を少し残して薄く均等に広げ、巻く。これを9個作る。半分に切って器に盛り、いかとオムクのあえ物、カクテキを添える。

いかとオムクのあえ物

材料　作りやすい分量

するめいか … 小1ぱい
オムク（解凍したもの）… 2枚
A 粉とうがらし（粗びき）
　　… 大さじ1
　みりん、しょうゆ
　　… 各小さじ2
　つぶしにんにく（p.4）
　　… 大さじ½
　オリゴ糖 … 小さじ1

作り方

❶ いかは、胴は3×1cmに、足は食べやすく切る。オムクは小さめの三角に切る。

❷ 鍋に湯を沸かして塩少々（分量外）を入れ、1を入れる。いかが白っぽくなるまで1分ゆで、ざるに上げる。

❸ 水けをきり、熱いうちにAであえる。

渡韓

삼각 김밥
三角キムパプ

おにぎりだって「キムパプ」です

キムパプ＝のり巻きと思われがちですが、キムは「のり」、パプは「ご飯」のこと。おにぎりも韓国では「三角キムパプ」と呼ばれます。具材もソウル式プルコギ、全州ピビムパプなど、韓国ならでは。
チョンジュ

目からウロコの
復活劇！

パサついたキムパプもジョンにすると、おいしく復活

材料 キムパプ1本分

キムパプ（切ったもの）… 1本

小麦粉 … 適量

A とき卵 … 1個分
└ 塩、砂糖 … 各ひとつまみ

にら … 2本

細ねぎ … 1本

B サラダ油 … 大さじ1
└ ごま油 … 小さじ1

作り方

1 にらと細ねぎは1cm長さに切ってボウルに入れ、**A**を加えて混ぜる。

2 キムパプを並べ、茶こしなどで小麦粉を両面に薄く振る。

3 フライパンに**B**を熱し、**2**を**1**にくぐらせて並べる。中火で2分焼き、上下を返して焼き色がつくまで1〜2分焼く。

現地のキムパプ店で食べた味！　渡韓
大邱（テグ）のキムパプ店で出会ったメニューを再現しました。こちらは、巻きたて＆作りたてで熱々！

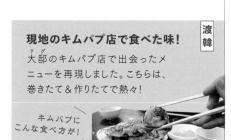

キムパプにこんな食べ方が！

모여라! 맵러버!

集まれ！ 辛いものLOVER！

맹초
김밥

デンチョキムパプ 〜激辛キムパプ〜

デンチョ＝めちゃくちゃ辛いとうがらし

激辛なのにつまむ手が止まらない個性派キムパプ。現地では専門店もあるほどの人気です

材料 2本分

焼きのり（全形）… 2枚

温かいご飯 … 340g（1合分）

青とうがらし（生・辛いもの・みじん切り）… 3本

にんじん（みじん切り）… 20g

オムク（解凍したもの・みじん切り）… 1枚

いり白ごま … 大さじ1

ごま油 … 大さじ2

A オイスターソース、いり黒ごま
　　　… 各大さじ1
│ つぶしにんにく（p.4）、しょうゆ … 各小さじ1
└ こしょう … 小さじ1/3

キムパプ用たくあん … 2本

作り方

1 フライパンにごま油大さじ1を熱し、青とうがらし、にんじん、オムクを入れて1分炒め、**A**を加えて混ぜる。ボウルに入れてご飯を加え、切るようによく混ぜる。

2 のりは横長におき、奥側を2cmほど残して**1**の半量を薄く均等に広げる。たくあん1本をのせ、手前から巻く。同様にもう1本作る。ごま油大さじ1を塗って白ごまを散らし、食べやすく切る。

5章

私と一杯いかが？

나랑 한잔 할래요?

~酒とつまみ、今音~

一般的には「マッコリのお供には
ジョン」と言われますが、
そのイメージにとらわれず、
伝統酒マッコリを
より洗練された文化にしたい
というお店が増えています。
ソウルにある友人の店で
教えてもらった、
ナチュラルマッコリに合う
おつまみを再現してみました（p.84）。

久しぶりー！
오랜만이에요

막걸리와
안주의 페어링
マッコリとつまみのペアリング

チャル モゴッスムニダ！

いつ来ても
おいしい♡

そろそろやめとく？ いやまだ呑む！

2016年に行って、私のマッコリの概
念が変わった記念すべき店！ 店主
の選んだナチュラルマッコリとそのお
母さんが作る季節のおつまみ。いつ
行ってもなごむ、心のオアシス。

ドボドボ
ドボドボ

🏠 店名　ポットッパン／복덕방

📍 住所　ソウル特別市麻浦区圃隠路8キル5
　　　　　서울특별시 마포구 포은로8길 5

MAP ⑥ → p.108

マッコリが
止まりません～

渡韓

昔ながらのマッコリとジョンは、文句なしの黄金コンビ。緑豆たっぷりのピンデドックに、干した白菜の葉を丸ごと使ったペチュジョン、韓国かぼちゃのホバクジョン、マッコリの友3品をご紹介します（p.86）。

빈대떡
ピンデドック

いくらでも
食べられます

민속 동동주 특미 빈대떡

チャルモゴッスムニダ！

洗面器⁉から自分で注ぐマッコリとハルモニ（おばあちゃん）が作るジョンはもちろん、のの字に巻いたキムチが最高！ハルモニ、カムサハムニダ！

보쌈김치
ポッサムキムチ

昔ながらの
スタイルも
落ち着くねぇ～

🏠店名　チェヨンギョン ハルメ ピンデドック
　　　／최영경 할매 빈대떡

📍住所　大邱広域市西区達西路74
　　　대구광역시 서구 달서로 74

MAP H → p.108

渡韓

83

トッカルビ

ジューシーな食感の韓国風ハンバーグ。
おつまみだけでなく
ご飯のおかずにも人気です

材料　2人分

合いびき肉 … 150g

牛ひき肉 … 150g

青とうがらし（生・粗いみじん切り）… 2本

玉ねぎのすりおろし … 大さじ2

砂糖、つぶしにんにく（p.4）、
　　しょうゆ … 各大さじ½

粉とうがらし（粗びき）、ごま油、
　　かたくり粉 … 各小さじ1

塩 … ひとつまみ

こしょう … 少々

サラダ油 … 小さじ1

いり白ごま … 適量

作り方

1 ボウルにサラダ油と白ごま以外の
　材料をすべて入れて練り混ぜ、4
　等分して平らな円形にする。

2 フライパンにサラダ油を熱し、1
　を入れて弱めの中火で2〜3分、
　上下を返して2〜3分焼く。

3 皿に、あればえごまの葉を敷いて
　2を盛り、白ごまを振る。

ジョンだけじゃない！
マッコリに
合うおつまみ

韓国から日本に伝わり
人気となったからし明太子。
ごま油をかけて現地流に楽しんで

明太子のごま油かけ

材料 作りやすい分量

からし明太子 … 1腹
ごま油 … 小さじ1
A 細ねぎ（小口切り）、貝割れ大根、
　 赤とうがらし（生・小口切り）、
　 いり白ごま … 各適量

作り方

1 明太子は食べやすく切って器に盛る。
2 Aを散らし、ごま油を回しかける。

やっぱり王道、
マッコリ×ジョン

別名・ノクトゥ（緑豆）ジョン。
揚げ焼きでガリッと香ばしく、
口に入れると
緑豆の香りが広がります

ピンデドック

材料　直径12cm・4枚分

豚こまぎれ肉 … 50g

緑豆（乾燥・皮をむいたもの）… 1カップ

長ねぎ（5mm厚さの小口切り）… 20g

黒豆もやし（細もやし）… 150g

塩 … 小さじ⅓

こしょう … 少々

白菜キムチ（あれば古漬け）… 50g

A　サラダ油 … 大さじ3
└ ごま油 … 大さじ½

memo

緑豆（皮をむいたもの）

もやしやはるさめの原料に
なる小粒の豆。ここでは皮
をむいたものを使用。

緑豆はつけた水とともに撹拌する。

作り方

1 緑豆はたっぷりの水に4〜6時間つける。
ボウルに重ねたざるに上げて水けをきり、ボ
ウルにたまった水は½カップとりおく。ミキ
サーなどで、豆ととりおいた水を撹拌（かくはん）する。

2 キムチはさっと洗って水けを軽くしぼり、豚
肉とともに粗く刻む。

3 ボウルに1、2、長ねぎ、もやし、塩、こしょう
を入れてよく混ぜる。

4 フライパンにAを熱し、3の¼量をまるく流
し入れる。きつね色になるまで中火で片面
4〜5分ずつ焼く。同様にもう3枚焼く。

玉ねぎと青とうがらしの
酢じょうゆ漬け

材料（作りやすい分量）と作り方

玉ねぎ½個は2cm四方に、青とう
がらし（生）2〜3本は1cm幅に
切ってボウルに入れる。小鍋にしょ
うゆ¼カップ、オリゴ糖、酢各大さ
じ1、水大さじ2を入れて火にか
け、煮立てる。熱いうちにボウルに
加えて混ぜ、冷めたら食べられる。
冷蔵室で2週間保存可能。

口の中をさっぱりさせてくれる
甘ずっぱい酢じょうゆ漬け。
ピンデドックにのせて食べても

材料　2枚分

白菜 … 小さめ2枚
A 小麦粉 … 1/3 カップ
└ 塩 … ひとつまみ
サラダ油 … 大さじ2

作り方

1 白菜は半日ほど天日干しにする。

2 ボウルにAと水大さじ4を入れ、なめらかになるまで混ぜる。1をくぐらせる。

3 フライパンにサラダ油を熱して2を入れ、焼き色がつくまで中火で片面2分ずつ焼く。

天日干しにすると
焼きやすくなるう
え、甘みが増す。

焼く前に干すことで
おいしさアップ。
縦に裂いて食べると軸も葉も味わえます

ペチュジョン

ホバクの甘みを生かしたシンプル味。
酸味のあるたれと相性ぴったり

ホバクジョン

材料　直径16cm・2枚分

韓国かぼちゃ（またはズッキーニ）… 1本
塩 … 小さじ1/3
小麦粉 … 1/3 カップ
サラダ油 … 大さじ2

作り方

1 韓国かぼちゃは5mm厚さの斜め切りにしてからせん切りにする。ボウルに入れて塩を振り、10分ほどおく。

2 小麦粉を加え、全体にまぶすように混ぜる。

3 フライパンにサラダ油を熱し、2の半量を薄く広げる。中火で3分焼き、上下を返して焼き色がつくまで2〜3分焼く。残りも同様に焼く。

酢じょうゆたれ

ペチュジョンにも
ホバクジョンにも

材料（作りやすい分量）と作り方

しょうゆ小さじ2、梅エキス（または砂糖）、長ねぎ（みじん切り）
各小さじ1、粉とうがらし（細びき）、酢各小さじ1/2を混ぜる。

韓国のお酒事情①

TOPIC 1　個性いろいろ、ナチュラルマッコリ

添加物や人工甘味料を使わず、伝統的な技法で造られるナチュラルマッコリ。韓国の伝統酒・マッコリの一大ムーブメントとなっています。ナチュラルマッコリをメインに扱う飲食店や酒店が各地に続々と誕生し、その様子は、ワインの世界におけるナチュラルワインさながら。味わいは造り手によってさまざまで、飲み比べて好みの銘柄を見つける楽しみがありますが、日もちがしないため輸入は難しく、日本で見かける種類はまだ少なめです。韓国を訪れたら、いろいろな造り手の味を試して自分好みの1本を見つけてみて。

「マッコリ持ち帰れます」の張り紙が。

TOPIC 2　マッコリを持ち帰れる飲食店もある

料理の持ち帰りが根付いている韓国。飲食店によっては、マッコリも持ち帰ることができます。マッコリ飲みきれなかったボトルを持って帰るだけでなく、中には開栓前のボトルを買えるお店も。特にナチュラルマッコリはレアものも多いので、飲食店でお気に入りに出会ったら、買って帰れるか聞いてみて。

自分好みの1本を
見つけて楽しんで。

TOPIC 3　醸造所を訪ねてみよう

お酒好きなら、醸造所に足を運んでみるのもおすすめです。例えば、シャンパンマッコリと評される「福順都家」。現在、日本でも手に入る数少ないナチュラルマッコリで、原料の米から手作りされています。醸造所があるのは韓国南東部の蔚山。敷地内には甕がずらりと並び、試飲も可能です。

醸造所の建物もスタイリッシュ。

コチュジャンなどオリジナル商品も買える。

TOPIC 4　マッコリは混ぜながら飲む

マッコリは注いでから時間が経つとしだいに分離してしまうので、ときどき混ぜるとおいしく飲むことができます。チョッカラで豪快にかき混ぜるのは、現地のアジョシ（おじさん）風。

箸でくるくる

ソジュは焼酎、メクチュはビール。どちらもすっきりとしたあと味で、マッコリ同様、韓国で親しまれているお酒です。そんなソジュ＆メクチュには、ホルモン料理や激辛鶏スペアリブなどの料理がよく合います。

ホルモンヤンニョム焼き and ヤキウドン

釜山のホルモン街の雰囲気を家で楽しめます。ホルモンの食感と甘辛いヤンニョム味に加えて、旨みを吸ったヤキウドンもチェゴ（最高）！

材料 2〜3人前

ホルモン（コプチャン、ハツなど好みで）
　… 計300g
玉ねぎ … ½個
青とうがらし（生）… 2〜3本
しめじ … 50g
にんにく … 5〜6かけ
ヤンニョムジャン
　… p.46（テジクッパプ）の全量
オリゴ糖、ごま油 … 各大さじ1
うどん（冷凍なら解凍したもの）… 1〜2玉
サラダ油 … 適量

作り方

1 ヤンニョムジャンにオリゴ糖を加えて混ぜる。

2 ボウルにホルモンを入れ、**1**の⅔量とごま油を加えてあえる。

3 玉ねぎは2cm四方に、青とうがらしは食べやすく切り、しめじは小房に分ける。**2**に加え、さらににんにくを加えて混ぜる。

4 フライパンにサラダ油を熱し、**3**を入れて中火で5〜6分焼く。

5 ½〜⅔量ほど食べすすめたら、うどんを加えて炒め合わせる。味をみて、薄い場合は**2**の残りのたれを加えて味をととのえる。

슬러시 소주
フローズン ソンジュ

시원하다
すっきり！

渡韓

チョキ
チョキ

양념구이
ヤンニョム焼き

소금구이
塩焼き

아끼우동
ヤキウドン

チャル モゴッスムニダ！

볶음밥
ポックムパ

🏠 店名　ペックァヤンコプチャン／백화양곱창
📍 住所　釜山広域市中区チャガルチ路23番キル6
　　　　부산광역시 중구 자갈치로23번길6
MAP ❶ → p.108

釜山は海鮮だけじゃない。これだけを食べて帰っても悔いなし！お腹をすかせておいて、塩焼きやヤキウドン、シメのポックムパプまで絶対に食べてほしい。

ヤキウドン最高！

＊店内はいくつかのブースに分かれていて、それぞれに番号がふってあります。私のお気に入りは1号のブース。

鶏スペアリブの
激辛焼き

鶏スペアリブの激辛焼き

材料　2〜3人分

鶏スペアリブ … 300g

A　韓国焼酎（または酒）… ⅓ カップ

　　ローリエ … 1枚

　　粒こしょう … 10〜15粒

　└　しょうが（薄切り）… 2〜3切れ

青とうがらし（生・適当な大きさに切る）… 1〜2本

B　しょうゆ、みりん、粉とうがらし（細びき）… 各大さじ1

　　つぶしにんにく（p.4）、コチュジャン … 各小さじ1

　└　こしょう … 少々

C　サラダ油 … 大さじ ½

　└　ラー油 … 小さじ1

作り方

1　スペアリブは洗う。

2　鍋にAと水3カップを入れて火にかけ、煮立ったら 1 を入れる。アクをとりながら5分ゆでたらスペアリブをとり出し、ゆで汁はこしてとりおく。

3　Bに 2 のゆで汁大さじ4、青とうがらしを加え、ミキサーなどで撹拌（かくはん）する。

4　フライパンにCを熱してスペアリブを並べ、皮目がこんがりするまで中火で3〜4分焼く。3 を加え、焦がさないように上下を返して混ぜながら、汁けがほぼなくなるまで中火で2〜3分絡める。

辛いのにやめられない！
牛乳やジュースで辛さをしのぎつつ
食べ続ける無限ループ

ケェランチム
（作り方は p.94）

→p.108

チャル モゴッスムニダ！

恋しかった味！

激辛モミジ（鶏の足）は、久しぶりの韓国で絶対に食べたかったものの1つ。でも、あれ？こんなに辛かったっけ!? コラーゲンたっぷりで美容にもいいのに、1本しか食べられなかったのです（ちなみに辛さは選べます）。

渡韓

🏠 店名　玄高大タッパル 舍堂店／현고대닭발 사당점

📍 住所　ソウル特別市銅雀区銅雀大路23キル 25
　　　　서울특별시 동작구 동작대로23길 25

MAP J → p.108

辛いぃぃぃぃ！

夢にまで見た
久々のタッパル

ゴクゴク

ケェランチム

口の中でとろける
だしのきいたふわふわ卵は
辛さをやわらげる救世主

材料 作りやすい分量*

卵 … 4個

だし（煮干しなど） … ⅔カップ

塩 … 小さじ ⅓

ごま油、長ねぎ（みじん切り）、いり白ごま
　… 各適量

*ここでは直径10cmの
　トゥッペギ（韓国の土鍋）を使用。

作り方

1　ボウルに卵を割りほぐし、だしと塩を加え
　て混ぜる。

2　小ぶりの土鍋の内側にごま油を塗り、1
　を注ぎ入れる。中火にかけ、ゆっくり混ぜ
　ながら、半熟より少しかたくなるまで4〜
　5分加熱する。

3　しだいに盛り上がってくるので小さめの
　ボウルなどでふたをして（ない場合はその
　ままでもOK）、鍋から盛り上がるまで1
　分加熱する。長ねぎと白ごまを振る。

材料　2〜3人分

砂肝 … 300g
（下処理済みの状態で200g）
韓国のもち（トッポギ用）… 120g
さつまいも … 100g
小麦粉 … 大さじ1
A 韓国焼酎（または酒）… 大さじ1
　├ カレー粉、つぶしにんにく（p.4）
　│　　… 各小さじ1
　├ 塩 … 小さじ1/3
　└ こしょう … 少々
B ├ 小麦粉 … 大さじ4
　└ かたくり粉 … 大さじ3
揚げ油 … 適量

作り方

1 砂肝は白い部分を薄く削ぎ、2〜3mm幅に切り込みを数本入れてから厚みを半分に切る。ボウルに入れてAを加え、もみ込んで10分おく。

2 さつまいもは7〜8mm厚さの短冊切りにする。1に加えてBも加え、全体になじむまで混ぜる。

3 フライパンに揚げ油を中温（170度）に熱し、2を入れる。ときどき上下を返しながら3〜4分揚げてとり出し、油をきる。

4 もちに小麦粉をまぶして揚げる。油がはねやすいので注意する。1〜2分揚げてとり出し、油をきる。

5 器に3、4を合わせて盛る。

砂肝揚げ

チキンだけじゃない！
韓国揚げ物界の隠れた定番。
カレー風味でビールがすすみます

ゴマク＝ハイ貝のこと。
江陵（カンヌン）の有名店の人気メニューを再現しました。
半分はあえ物、半分はご飯と混ぜて。
のりで包んで食べることもあります

ゴマクムチム

材料　2〜3人分

ハイ貝の缶詰 … 1缶（280g）

細ねぎ … ⅓束

青とうがらし（生・小口切り）… 3本

A　いり白ごま、ごま油、粉とうがらし（粗びき）、
　　　つぶしにんにく（p.4）、オリゴ糖
　　　　… 各大さじ1
　　　しょうゆ … 大さじ ½
　　　いわしエキス（またはナンプラー）… 小さじ1
　　　こしょう … 小さじ ¼

温かいご飯 … 200g

作り方

1　細ねぎは1cm長さに切る。ハイ貝は
　　缶汁をきって、大きいものは半分に
　　切る。

2　ボウルに1、青とうがらし、Aを入れ
　　てあえる。半量を器の半分（写真で
　　は右）に盛る。

3　2のボウルにご飯を加えて混ぜ、器
　　のあいているほうの半分に盛る。

memo

ハイ貝の缶詰
韓国でよく食べられる
貝。小ぶりで、あさり
に似た食感がある。

건배！짠ー！
乾パイ！

TOPIC 5 プレミアムな焼酎が人気です

希釈式の製法で造られるものが多い、韓国焼酎＝ソジュ。これまでは「大手メーカーが造る大衆酒」というイメージでしたが、最近では各地の醸造所がこだわりの原料と製法で造る「プレミアムソジュ」の人気が上昇。ボトルも定番の緑色ではなく、凝ったデザインのものが多く見られます。

TOPIC 6 ソジュが一気に凍る瞬間を見る

液体を静かにゆっくり冷やすと、0度を下回っても凍らない「過冷却」と呼ばれる状態になります。そして、過冷却状態で液体に衝撃を与えると、一気に凍ります。この現象を利用して、ソジュをボトルごと凍らせてから衝撃を与え、酒をシャーベット状に凍ったみそれなどでのパフォーマンスとして披露することができます。宴会を楽しむことができます。

盛り上がること間違いなし！ 目安は3時間ですが、長時間だと瓶が割れるおそれも。必ず様子を見ながら冷やしましょう。

冷凍室で静かに冷やしたボトルをひじでコンッ！

※ケガには気をつけて！

底からサーッと一気に凍っていく

注ぐとシャーベット状に

TOPIC 7 ソジュ＋ビール＝なぜかはちみつの味

ソジュグラスに注いだソジュに、1㎜だけビールを加えます。すると、なぜか甘いはちみつ風味に。見た目もうっすらはちみつ色でかわいい。

香りもほのかに甘くなる〜

渡韓 番外編

산수갑산

ソジュがすすむ、すすむ

순대 スンデ

日本でも食べたいなぁ……

店名 山水甲山／산수갑산
サンスカプサン

住所 ソウル特別市中区乙支路20キル24
서울특별시 중구 을지로20길 24

MAP K → p.108

チャル モゴッスムニダ！

ビジュアルで「無理……」と思うなかれ。私が愛してやまないクセになる韓国のソーセージ・スンデ。ぜひお試しを！ 内臓好きにはたまらない盛り合わせやクッパプもあります。

6章

ポケットの中に3000ウォン
주머니 속에 3천원

〜小腹を満たす、ストリートフード〜

ソウル・通仁市場（トンインシジャン）の名物

屋台や売店など街に出ればバラエティゆたかな食べ歩きメニューに出会える韓国

ここでは、現地の人たちのハートをつかんで離さないメニューをご紹介します。屋台は現金しか使えないお店も多いので、ポケットに3000ウォン（約300円）を忘れずに。

キルムトッポギ

赤（辛い）＆白（マイルド）の2種盛りで通仁市場の名物、油トッポギ。揚げ焼きにするとき、はねやすいので気をつけて

材料　2人分

韓国のもち（トッポギ用）… 300g
A つぶしにんにく（p.4）… 小さじ 1
  │ 砂糖 … 大さじ 1
  └ しょうゆ … 小さじ 2
B サラダ油 … 大さじ 3
  └ ごま油 … 大さじ ½
C 粉とうがらし（粗びき）… 大さじ ½
  └ コチュジャン … 小さじ ½

作り方

1 もちは洗ってざるに上げる。

2 ボウルにAを入れて混ぜ、1を加える。ときどき混ぜながら15分つける。

3 フライパンにBを弱火で熱し、2を汁けを軽くきって入れる。上下を返しながら、少し色づくまで4〜5分揚げ焼きにし、半量を器に盛る。

4 残りの3にCを加えて絡め、油をきって3の器に盛る。

memo

韓国のもち（トッポギ用）
米粉が原料で歯切れのいいタイプ（左）と、小麦粉が原料で弾力の強いタイプ（右）がある。韓国女子に人気なのは小麦粉タイプ。

オムク専門店 の隠れたヒット

オムクスティック揚げ

旨みたっぷりのオムクをスナックに。おやつにも、おつまみにも

材料　1〜2人分

オムク（解凍したもの）… 1枚
揚げ油 … 適量

作り方

1 オムクは5mm幅に切る。

2 フライパンに揚げ油を中温（170度）に熱し、1を入れる。上下を返しながら、少し色づいてカリッとするまで2〜3分揚げる。

魚味のこんな
スナックも！

に行ったら必食！

ラーミョンのスープの粉を
ポップコーンにまぶして
人気のあの味に

韓国ではポップコーン同様、
映画のお供の大定番。
甘じょっぱさがあとを引く

おいしくて
止まらない〜

ポップコーン
チャパゲティ味

材料　作りやすい分量

ポップコーン

（バター味・じか火またはレンジ加熱用）

　　… 1個

A　チャパゲティ（インスタントラーメン）の
　　　調味粉、砂糖 … 各大さじ1

＊チャパゲティの麺は鍋のシメなどに。

作り方

1　ポップコーンを包装の表示どおり
　　に作る。

2　熱いうちにボウルに入れてAを加
　　え、味にムラが出ないよう全体を
　　混ぜる。

memo

ポップコーン
じか火であぶると弾ける。アルミ
容器に入ったものはこのまま火
にかけられる。

memo

チャパゲティ
韓国で人気のインス
タントラーメン。

オジンオバター

材料　2人分

さきいか … 40g

小麦粉 … 大さじ2

マーガリン … 15g

A　はちみつ … 大さじ ½
　　つぶしにんにく（p.4） … 小さじ ⅓

作り方

1　さきいかは長ければ切る。水で軽くもん
　　で水けをしぼり、小麦粉を全体にまぶす。

2　フライパンにマーガリンを熱して1を入
　　れ、上下を返しながら少し焼き色がつく
　　まで2〜3分焼く。

3　Aを加えて手早く炒め合わせる。

人気の
ストリート
フードたち

はちみつと粉チーズの
甘じょっぱさがたまらない

フェオリカムジャ

材料　2本分

じゃがいも（メークインがおすすめ）… 小2個

揚げ油 … 適量

はちみつ … 大さじ1

A　粉チーズ … 大さじ1～2

└ 塩 … 小さじ¼

作り方

1 じゃがいもは皮つきのままラップで
包んで電子レンジで約20秒加熱
し、上下を返してさらに10秒加熱
する。加熱しすぎるとくずれるので、
かためでOK。

2 竹串を真ん中に刺し、小さいナイフ
でらせん状に切り込みを入れ、ゆっ
くり広げる（手を切らないよう注意）。

3 竹串まで入る大きさの深めのフライ
パンに揚げ油をやや低温（160度）
に熱し、**2**を入れる。中温（170度）
になるよう少しずつ温度を上げなが
ら、きつね色になるまで上下を返し
つつ7～8分じっくり揚げる。

4 器に盛り、全体にはちみつをかけて
Aを振る。

カリカリ＆むにゅっと
食感が楽しい。
コチュジャンだれで

トッコッチ

材料　2本分

韓国のもち（トッポギ用）
　　… 12個

サラダ油 … 大さじ1

A　トマトケチャップ、コチュジャン、
　　オリゴ糖（またははちみつ）
　　… 各小さじ½

作り方

1 もちはさっと洗う。鍋に湯を沸か
してもちを入れ、かために4～5
分ゆでる。竹串に6個ずつ刺す。

2 フライパンにサラダ油を熱し、**1**
を並べ入れる。ときどき上下を返
しながら、少し焼き色がつくまで
弱めの中火で3～4分焼く。

3 器に盛り、**A**を混ぜて塗る。

スティックタイプの
オムクをスナックに

オムク
HOTバー

材料　2本分

オムク（スティックタイプ・解凍したもの）
　　… 2本

サラダ油 … 大さじ1

トマトケチャップ、
　　イエローマスタード … 各適量

作り方

1 オムクは竹串に刺す。フライ
パンにサラダ油を熱してオム
クを並べ、弱めの中火で1
～2分、上下を返しながら
焼く。

2 器に盛り、ケチャップとマス
タードをかける。

チャプサルドーナツ

昔ながらのパン屋さんで目にする
チャプサル（もち米）ドーナツ。
ホットク用ミックスを使って
手軽に作れます

材料　12個

ホットク用ミックス
　　… ½ 袋（約150g）

ホットク用ミックスに添付の
　　イースト … ½ 袋（2g）

こしあん … 240g

揚げ油 … 適量

作り方

1 こしあんは20gずつに分けて丸める。

2 ボウルにぬるま湯80㎖とイーストを入れて混ぜ、ミックス粉を加えて5〜10分こね、生地を作る。12等分して丸め、直径5〜6㎝に薄くのばして**1**を包む。

3 フライパンに揚げ油を中温（170度）に熱し、**2**を入れる。転がしながら、きつね色になるまで3〜4分揚げる。

memo

ホットク用ミックス
人気のホットクを手軽に作れるミックス粉。もち米粉、小麦粉、ジャムミックス（砂糖、シナモンパウダーなど）があらかじめ入っている。

えんどう豆のあんや
ねじりパンも
あります

コーヒーショップ

コーヒーを愛する韓国人。人気のアインシュペナーは、オーストリアが発祥のコーヒードリンクです。もとはコーヒーと生クリームを1対1で入れますが、韓国ではよりなめらかになるよう牛乳も加えます

アインシュペナー

材料 1人分

エスプレッソ風コーヒー* … 30㎖
牛乳 … 50㎖
生クリーム（六分立て・10％の粉砂糖を加えて泡立てる）、
　同（八分立て）、シナモンパウダー、
インスタントコーヒー（粉末状のもの）… 各適量

＊エスプレッソ風コーヒー

材料（作りやすい分量）と作り方
カップにインスタントコーヒー（粉末状のもの・ここではKANUコーヒー1本）を入れて熱湯30㎖を注ぎ、よく混ぜる。

作り方

1 エスプレッソ風コーヒーは冷やしておく。グラスに牛乳を注ぎ、コーヒーの半量を注ぐ。

2 六分立ての生クリームをグラスの深さの八分目くらいまで加え、残りのコーヒーをスプーンで一気にかける。

3 2の上に八分立ての生クリームを、スプーンの背を使ってのせる。仕上げにシナモンパウダー、インスタントコーヒーを振る。

memo

インスタントコーヒー
韓国の日常に欠かせないインスタントコーヒー。さまざまなフレーバーがあるが、ここではプレーンなタイプを使用。KANUは韓国のおみやげとしても人気。

"おぼれた"アイスの意味をもつ
アフォガード。ソウルで人気の
コーヒーショップのメニューにヒントを得て
柑橘系のシャーベットで作ってみました

ソウルガート

材料　1人分

エスプレッソ風コーヒー（p.103）
　　…30㎖
柑橘系のシャーベット、
　　バニラアイスクリーム（ともに市販品）
　　…各適量

作り方

1　コーヒーは冷やしておく。

2　グラスにシャーベットを入れ、アイスクリームをアイスクリームディッシャーでのせる。

3　2に1を注ぐ。

エスプレッソ
＋チョコアイスバー

材料 1人分

エスプレッソ風コーヒー（p.103）… 30㎖
小ぶりのチョコアイスバー（市販品）… 1本

作り方

エスプレッソカップにアイスバーを
入れ、コーヒーを注ぐ。

韓国はコーヒー天国

コーヒーが大好きな韓国の人た
ち。チング（友人）たちとのおしゃ
べりに立ち寄るおしゃれなカフェ、
人気のエスプレッソバー、台車に
大きな容器をのせてコーヒーを
売っているお店、市場にある昔な
がらのコーヒー店など、さまざまな
タイプのコーヒーショップがありま
す。老若男女の生活にいかにコー
ヒーが浸透しているかがよくわか
ります。

市場のコーヒースタンド。

ちょうどよく
冷えてます

小さい台車に
コーヒー入りの
容器を積んで。

韓国の日常雑貨

カラフルなプラスチックの道具類
ノスタルジックな色や形に味わいが。

サバル
アルミのボウル。ご飯とおかずを入れて混ぜ、器がわりにすることも。

手袋
キムチを漬けたりナムルをあえたり、キッチンに欠かせない。

パグニ Ⓓ
昔、旅の携行品入れに使われていたかご。収納や弁当箱にぴったり。

メラミン食器 Ⓓ 　最近は日本でもおなじみ。屋台やポチャ（居酒屋）でよく見かけます。

昔ながらのデザインが美しい器に、機能性を備えた日用品。市場の荒物店や街のセレクトショップ、
骨董店などで見つけました。韓国の暮らしの息づかいを、旅の思い出とともに持ち帰りたい。

チュジョンジャ Ⓓ

やかんのこと。これで
マッコリを注げば、一気
に現地の酒場風に。

スッカラ（さじ）と
チョッカラ（箸）

ステンレス製だけでなく
木製のものもある。

白磁や青磁の古い器

骨董店で見つけることができる。

ロゴ入りのグラス Ⓓ

飲料メーカーが宣伝用に作った
グラスいろいろ。

ソジュのグラス

魅力的なデザインが多く、ついコレクション
したくなります。

渡韓

韓国の新旧グッドデザインが集まっているセレ
クトショップ。時間がないときでもこの店だけ
は必ず立ち寄ります。Ⓓのマークがついてい
るアイテムはこちらで購入しました。

🏠 店名　D & DEPARTMENT SEOUL
　　　　／ 디앤디파트먼트 서울

📍 住所　ソウル特別市龍山区梨泰院路240
　　　　서울특별시 용산구 이태원로 240
　　　　MAP Ⓛ →p.108

カマソッ Ⓓ

韓国の伝統鉄釜鍋。

旅で食べたものMAP

今回の旅では、ソウルだけでなく高速鉄道に乗って
いろいろな街にお邪魔したので、位置関係をざっくりご紹介。
まずはレシピを参考に料理をおうちで作って食べてみて、
さらに本場の味を確かめたくなったらぜひ現地へ！
お店の住所は店舗紹介のページに記載しています。

フルーツ感
たっぷりの
ジュース

高速鉄道でGO！

ソウルから
バスで2時間
↳ 加平 B

ソウル A C F G J K L

仁川

青い空と海を眺めながら
漁港でフェを堪能→p.33
江陵

東海 M

伝統市場の
"五日市"を
ぶらぶら
→左ページ

全州
コンナムルクッパプ
→p.44や
ビビムパプが名物。

ボクスンガの
醸造所があります
試飲もできる！
→p.89

大邱 D H

蔚山

釜山 E I

ワイルドな岩場で
海産物が食べられる
→p.32

麗水

済州島

市場で買った
フナ焼き

昔ながらの
チョコアイス

みんな大好き
バナナ牛乳

ちょっと足をのばして
五日市に行ってみよう

韓国各地で開かれる五日市。日程は場所によって違いますが、5日ごとに立つ市で、その始まりは高麗時代に遡るほど長い歴史があるといわれます。以前の旅行でも江華島、晋州などの五日市に足を運びましたが、今回は東海という街を訪れました。その土地にしかない農産物や海産物を買ったり、郷土料理を食べたりと、地元の食に触れられることが五日市の大きな魅力です。

📍 **住所**　北坪民俗五日市 ／ 북평민속 5 일장
カンファ ド　チンジュ
江原道東海市大同路 121 周辺
강원도 동해시 대동로 121

MAP Ⓜ →右ページ

市場で食べた
チャンチグクス

新鮮なとうがらしや
にんにくが山積み

旅に持っていくと便利なもの

旅先で出会ったおいしいものを、できるだけいい状態で持って帰るために欠かせないアイテムをご紹介します。

持ってきてよかった！と
自分をほめたくなること
間違いなし！

ラップ

大は小を兼ねる、ということでいちばん大きいサイズを1本。市場で買ったキムチをぐるぐる巻きにして液もれを防いだり、パンなどの乾燥防止にも使います。ラップはモノのサイズに関係なく使えるところが便利ですが、もちろんポリ袋でもOKです。

ファスナーつき保存袋

汁が出そうなものの運搬に必須の保存袋。サイズは大を持参することが多いです。

保存容器

ヤックァ
薬菓やもち菓子など壊れやすいもの、やわらかいものの運搬に便利な保存容器。チョングクジャンなど、押されてもれ出すと大変なものもこの中に。

保冷剤、保冷バッグ

キムチやマッコリなど、温度が上がると発酵が進んでしまうものは保冷しておくと安心。保冷剤は保冷力が続く大きめのものを持参します。食品を保冷剤と一緒に小さい保冷袋に入れてから、大きい保冷バッグに入れて二重にしています。

マルチツールナイフ

ナイフのほか、はさみや栓抜きなどが一緒になっているもの。フルーツ好きで旅先でも食べたいので、ナイフは必須。はさみもちょっとしたときに必要になることが多く、「持っててよかった」と思う道具です。飛行機内に持ち込みNGなので、必ず預ける荷物の中に入れて。

エアパッキン

壊れものを買いたいときに活躍。今回は器を買いたいな、と思ったら多めに持っていきます。マッコリも衝撃を与えると吹き出すおそれがあるので、これで包んで保護します。

もっと知りたい 韓国食材ガイド

韓食作りに欠かせない、基本的な韓国食材をチェック。韓国系スーパーやネットで購入できます。
＊商品は、すべて左下に紹介するYESMARTの各店で購入できます。

いわしエキス
いわしの魚醤。キムチ作りに欠かせないほか、深い味わいがあって汁物などにも使います。この本ではナンプラーでおきかえ可能としています。→p.14 など

アミの塩辛
えびの一種・アミを塩漬けにして熟成させたもの。キムチ作りには欠かせない食材です。冷凍室で約半年保存できます。→p.56 など

白菜キムチ
本場・韓国といえども、キムチを買って食べるのは珍しいことではありません。サイズ、株のまま（切っていない）など、ニーズや好みで選んで。→p.14 など

韓国はるさめ
チャプチェの材料として欠かせないはるさめ。日本ではるさめは原料が緑豆のものが一般的ですが、韓国ではさつまいもがポピュラーです。→p.78

オムク
さつま揚げ。板状のタイプは串で刺してオデンにしたり、トッポギに入れたり。この本では棒状のタイプをHOTバーに使っています。→p.24、65、101 など

韓国のもち
日本でもおなじみの細長いタイプのほか、スライスタイプも。原料が米粉のものと小麦粉のものがあり、味や食感の違いを楽しめます。→p.65、95 など

インスタントラーメン
スーパーなどで見る種類の多さに圧倒されるのがラーメン。スープが添付されていない袋麺・サリ麺（写真左）は料理のシメによく登場します。→p.40 など

梅エキス
韓国では砂糖があまり好まれず、よりヘルシーと考えられている梅エキスなどで甘みを加えます。この本では砂糖でおきかえ可能としています。→p.34 など

だしパック
干し魚や昆布などだしの食材をブレンドしたパック。いわしベース、すけとうだらベースなどのだしを簡単にとれます。特に汁物を作るときに重宝します。→p.44 など

とうがらし（生・韓国産）

赤と青があり、辛さは品種によってさまざま。約1カ月は冷凍保存も可能ですが、風味や食感が変わるので生食より加熱調理やたれなどに使うのがおすすめ。→p.12 など

えごまの葉

シソ科の植物ですが、青じそとは違う独特の風味と清涼感、食感があります。しょうゆ漬けにしたり、肉料理のつけ合わせとしてもよく登場します。→p.24 など

ホバク（韓国かぼちゃ）

かぼちゃの仲間ですが、淡泊な味わいとみずみずしい食感が特徴。この本ではよく似ているズッキーニでおきかえ可能としています。→p.73 など

ごま油（左）・えごま油（右）

風味の強さが特徴の韓国製ごま油。炒め物をはじめ、幅広い料理に。えごま油はほんのり香ばしい香りなので、2つを使い分けてみて。→p.12、71 など

コチュジャン

韓国料理に欠かせない甘辛いみそ。作り手によって味が変わります。さまざまな種類が市販されているので、試してお気に入りを見つけて。→p.12 など

粉とうがらし

赤とうがらしを乾燥させてひいたもので、細びきと粗びきがあります。用途によって使い分けることで、いっそう本場に近い仕上がりに。→p.18 など

実店舗もオンラインも韓食作りの強い味方！

東京・新大久保ほか全国に支店を構える、日本最大級の韓国系スーパー。生鮮品から冷凍品まで、本場さながらの品ぞろえで頼りになる存在です。

韓国食品スーパー
YESMART（イエスマート）新宿店
東京都新宿区大久保1-1-11
03-6278-9010
営業時間：月〜木9〜22時、
　　　　　金・土8〜23時、日8〜22時

その他の店舗

東京都／調布店、多摩センター店　北海道／札幌店　宮城県／仙台店、大河原店　埼玉県／大宮マルイ店　静岡県／静岡店　長野県／松本店　大阪府／なんばマルイ店　鳥取県／境港店　広島県／段原店　高知県／高知店　福岡県／福岡店、筑紫野店、北九州若松店　大分県／大分OPA店　熊本県／熊本店　佐賀県／エアートプラザ店　長崎県／玉屋店　沖縄県／北谷店、ライカム店

※営業時間などは店舗によって異なります。

オンラインショップ
https://yesmart.co.jp

＊情報は2023年1月時点のものです。在庫切れの場合もあります。

食べたい作りたい現地味
もっと! おうち韓食

2023年3月31日 第1刷発行

著 者　重信初江

発行者　平野健一
発行所　株式会社主婦の友社
　　　　〒141-0021
　　　　東京都品川区上大崎3-1-1
　　　　目黒セントラルスクエア
　　　　電話03-5280-7537（編集）
　　　　　　 03-5280-7551（販売）
印刷所　大日本印刷株式会社

© Hatsue Shigenobu 2023
Printed in Japan
ISBN978-4-07-454155-3

■本書の内容に関するお問い合わせ、また、印刷・製本など製造上の不良がございましたら、主婦の友社（電話03-5280-7537）にご連絡ください。
■主婦の友社が発行する書籍・ムックのご注文は、お近くの書店か主婦の友社コールセンター（電話0120-916-892）まで。
＊お問い合わせ受付時間
月〜金（祝日を除く）9:30〜17:30
主婦の友社ホームページ
https://shufunotomo.co.jp/

重信初江　しげのぶ・はつえ

料理研究家。昔から受け継がれる味を大切にしながら、現代的なセンスで提案する料理が人気。韓国をはじめ、世界各地で出会ったおいしいものを再現するレシピに定評がある。テレビや雑誌、料理教室の講師など、多方面で活躍。本書の姉妹本『はじめてなのに現地味 おうち韓食』（主婦の友社）ほか著書多数。

Instagram @shige82a

監修・韓国取材・　美蘭
ハングル書き文字

撮影　松島　均、美蘭

スタイリング　坂上嘉代

デザイン　高橋朱里（マルサンカク）

調理アシスタント　菊池めぐみ、加藤環江

構成・取材・文　本城さつき

編集担当　澤藤さやか（主婦の友社）

Special thanks
유미씨
김한나
김은지
아름

商品協力　YESMART